# ヒロインはいつも泣いている

「女だから」悩む歌舞伎の女性たち

関 亜弓

# はじめに

女子はオフィシャルに欲張ることが認められている存在だ。

少なくとも「女」という性を受けて生まれてきた私は、そう思って幼少期を過ごしていた。女の子は、服装一つをとっても、選択肢が多い。今日はスカートをはこう、明日はズボン。その折衷案のキュロットもある。髪型だってそうだ。女の子は、髪を伸ばしても短くしても何も言われないし、髪飾りを付けることだってできる。女の子がちょっと男の子っぽい言葉を使っても否定されることはない。

一方、男の子はどうだろう。私の記憶では、男の子がスカートを履いていたとしたら、二度見されただろうし（当時は表立ってそういった子はいなかったが）、髪の長い男の子は「女の子みたい」とくすくす笑われてしまうし、仕草や喋り方の柔らかい男の子は「キモい」といって特殊な子扱いをされてしまうような、そんな時代だった気がする。

男の子より、女の子の選択肢の方が多く、世界の中で認められる存在。そう自然に思いながら成長した。そのためジェンダーギャップなどを感じず、むしろ「女の子に生まれてラッキー」と思いながら、そのまま青春時代に突入した。

多感な時期と言われる高校生活も男女比1：7という特殊な学科で過ごし、女子大に進学した。それも、「後から考えるとそうだったな」ということに今さら気が付いたくらいで、女性が多い場所を好んで選んだ訳ではなく、結果的に女性が多くいる世界を選択していたというだけのことだ。こうしたことも男女の違いや優劣について、特段思い入れがなかったことの表れかもしれない。

さらに私は物心ついたときから成人するまで、生活の大半をクラシックバレエに捧げていた。バレエの世界は女性ファースト、女性ありきで成り立つ芸術。バレエ作品において、男性の見せ場はもちろんあるが、女性の引き立て役に徹する場面も多く、女性を美しくみせる舞台がバレエといっても過言ではない。そこに軸足を置いた生活が長かったので、当たり前のように、女性が優位に立っていると思い込んでいたのかもしれない。

前置きが長くなったが、女性に生まれたことで不自由を感じたことのなかった私が、初めて「女子NG」を突き付けられた。それが歌舞伎だったのだ。歌舞伎に出会ってはじめて「女」であることを拒絶された、とは言い過ぎだが、そんな感覚に陥ったのを覚えている。

私が進学した大学には、国劇部という歌舞伎を実演する部活動があり、歌舞伎の知識は全くと言っていいほどなかった私だが、なぜかその部に入部した。生の歌舞伎を観たこともなかったし、当時好きだったドラマに出ていた松本幸四郎（二代目白鸚）丈が、歌舞伎役者だということも知らなかった。

そんな私がなぜ歌舞伎に傾倒したのか。敢えて分析をするならば、クラシックバレエという西洋の古典芸能をリスペクトしていた私にとって、歌舞伎はいわば「日本のバレエ」なのだと解釈し、魅力的に思えたのかもしれない。昔から続いているものには、意味がある。その真髄に触れてみたいと思い国劇部に入り、まんまと歌舞伎にハマったのだ。ハマり過ぎて、卒業してもこの舞台に立ち続けたい、歌舞伎役者になりたい！と思うようになってしまった。国劇部の卒業生の中には、国立劇場が行う養成事業の研修生になり、大歌舞伎の世界に入った先輩が数名いたから、夢のまた夢ではないと思ったのだ。

しかし研修生募集のチラシを見ると「応募資格：中学校卒業以上の男子」とあった。ショックだった。例えて言うなら、勝手に熱をあげた相手に、告白する前に振られた気分だ。そして「努力をすれば何でもできる」と教えられてきた人生において、ただ「女である」ということだけで、スタートラインにすら立てないことがあるのだ。ぼんやりとりだが、その不公平さに気づいたことを覚えている。

ここで歌舞伎の話になるが、歌舞伎の舞台に女性は（子役など特例はあるが）立てないことになっている。女性の役は「女方」という、男性ながら女性の役を演じる役者が担うからだ。私は、女方は素晴らしい発明だと思うし、女方がいてこそ、歌舞伎と言えると思っている。しかし、だからこそ、歌舞伎の中に「女性」として生きようとするヒロインに息苦しさを覚えるときがある。女方として、いわばファンタジーの世界を生きる、私たちとは別の神聖なる人物と捉えれば、「美しい」「悲しい」と純粋に思えるのに、自分と地続きの、同じカテゴリーの女性として受け入れると途端に溢れてくる感情がある。かわいそうとか、相手の男が許せないとか、すごく稚拙な、でも生々しい感情だ。役者の演技を観ているときは、この感情は生まれない。しかし「自分がもしあの立場だったら」などと考え始めたらもう止まらない。私の妄想の中で、歌舞伎女性キャラ擁護運動が始まる。この運動が、果たして彼女たちの救いになるかはわからないが、とにかく徹底的な女性目線で、ヒロインたちを解剖してみたいと思ったのだ。

最後に言っておきたいことがある。歌舞伎には、それをされたら拍手せざるを得ないだろうという状況が巧みに用意されているから、侮れないということだ。「見得《みえ》」や「七五調の名台詞」など、ダイレクトに体に響く演出や、衣裳や小道具、大道具の視覚的な美しさ、絶妙な色彩感覚、そして役者の魅力。その完璧なバランスによって、私たちはついつい見逃してしまうものがある。本書で書こうと思っているのは、その見逃してしまうものの断片だ。

しかし観劇するときは、見逃したままで観てほしい。なんでも女性蔑視だ、規制だ、差別だ、と言っていたら、歌舞伎の持つ完璧なバランスが崩れてしまう。この時代に生きる人たちの間で成り立っているルールを、現代の私がとやかく言うのは野暮というものである。歌舞伎の世界にはルールがあって、それを現代に持ち込もうとは決して思わない。というより、そもそも今の規範を持ち込むには、歌舞伎の世界と現代とではあまりに前提が違い過ぎる。

私がここで指摘することは、その女性を、女方（脈々と続いている歌舞伎の型・ルールに則って〝男性〟が演じる女性〝像〟）から一旦剥がして一人の女としてみつめることである。脚本だけで読む演劇ではない3Dである歌舞伎を、敢えて2Dにしてあれこれ言う作業であることをご理解いただきたい。

こんなに言い訳がましいのは、今の歌舞伎が大好きで、今の歌舞伎に嫌われたくないからだ。本書は、泣いているヒロインたちをなぐさめる場だと思って、どうか鷹揚のご見物を願いたい。

# 目次

## コラム「○○な女」



・演目名は通称で表記している。
・相関図は一部抜粋、簡略化して記載。人物名も通称で表記している。

装幀　名久井直子
装画　中島ミドリ
表紙写真　二〇二三年六月、
歌舞伎座『義経千本桜』
「すし屋」お里（中村壱太郎）

# 一章　「私は女だから」——振り回されて

# 『夏祭浪花鑑《なつまつりなにわかがみ》』お辰《たつ》

## ――お飾り女性と清涼剤

作者　並木千柳・三好松洛・竹田小出雲

初演　〈人形浄瑠璃〉延享二年（一七四五）七月、大坂・竹本座
〈歌舞伎〉延享二年（一七四五）八月、京都・都万太夫座

『夏祭浪花鑑』相関図

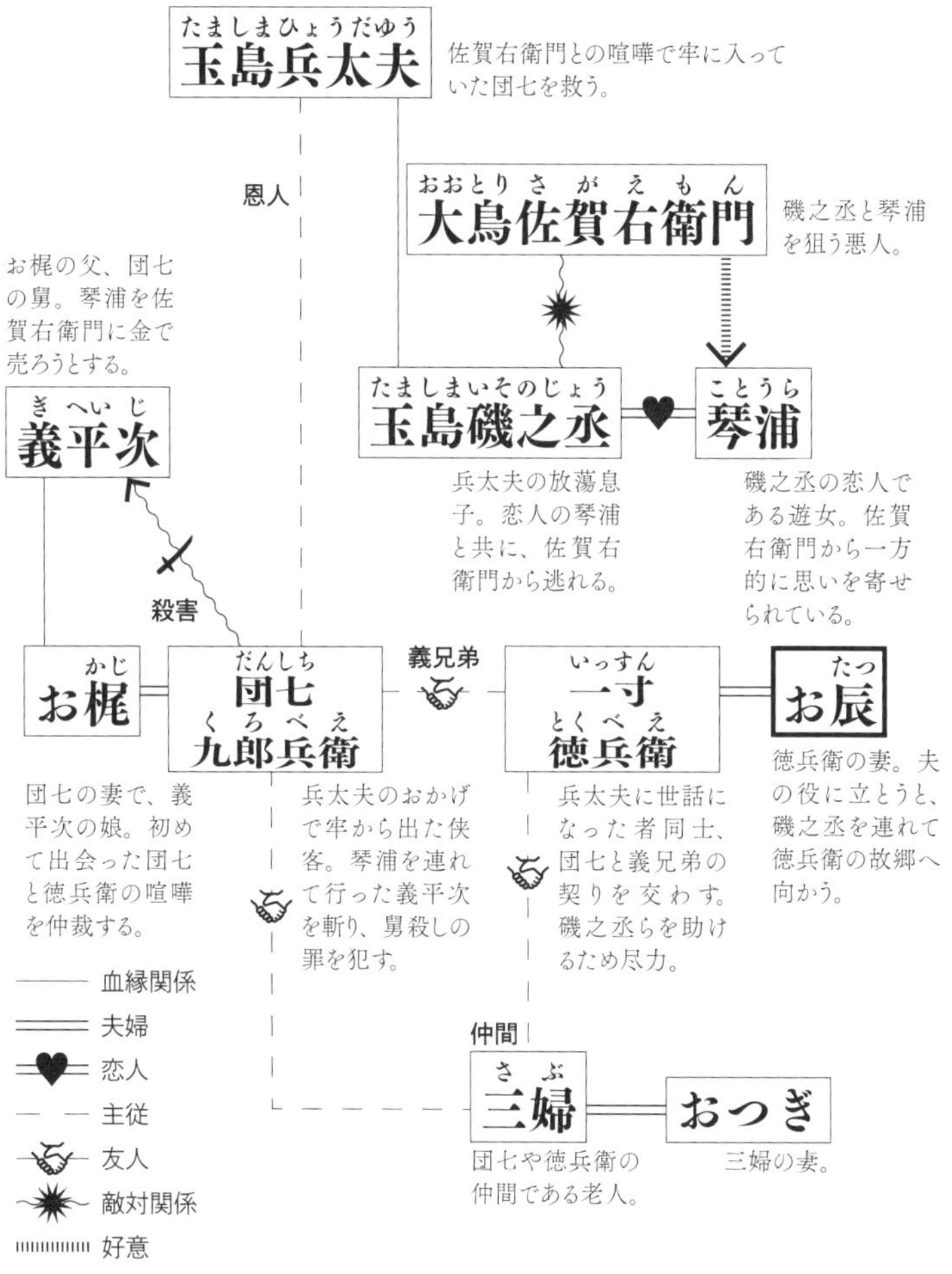
玉島兵太夫《たましまひょうだゆう》
佐賀右衛門との喧嘩で牢に入っていた団七を救う。
恩人
大鳥佐賀右衛門《おおとりさがえもん》
磯之丞と琴浦を狙う悪人。
お梶の父、団七の舅。琴浦を佐賀右衛門に金で売ろうとする。
義平次《ぎへいじ》
玉島磯之丞《たましまいそのじょう》
琴浦《ことうら》
兵太夫の放蕩息子。恋人の琴浦と共に、佐賀右衛門から逃れる。
磯之丞の恋人である遊女。佐賀右衛門から一方的に思いを寄せられている。
殺害
義兄弟
お梶《かじ》
団七《だんしち》九郎兵衛《くろべえ》
一寸《いっすん》徳兵衛《とくべえ》
お辰《たつ》
徳兵衛の妻。夫の役に立とうと、磯之丞を連れて徳兵衛の故郷へ向かう。
団七の妻で、義平次の娘。初めて出会った団七と徳兵衛の喧嘩を仲裁する。
兵太夫のおかげで牢から出た侠客。琴浦を連れて行った義平次を斬り、舅殺しの罪を犯す。
兵太夫に世話になった者同士、団七と義兄弟の契りを交わす。磯之丞らを助けるため尽力。
血縁関係
夫婦
恋人
主従
友人
敵対関係
好意
仲間
三婦《さぶ》
おつぎ
団七や徳兵衛の仲間である老人。
三婦の妻。

# 美人で色気のある女性が背負うミッション

私が愛してやまない女性の一人に「お辰」がいる。『夏祭浪花鑑』にワンシーンだけ登場するのだが、作中で色濃くその存在を観客の目に焼き付ける女性である。

本作は大坂・堺のむせかえるような暑い夏が舞台。夏芝居の定番と言われるように、登場人物は皆、浴衣姿。そのなかで、お辰は紗の着物に日傘をさした、色香を漂わせる女性として描かれる。人形浄瑠璃（文楽）が原作のこの芝居は、あの三大名作（『菅原《すがわら》伝授手習鑑《でんじゅてならいかがみ》』『義経千本桜《よしつねせんぼんざくら》』『仮名手本忠臣蔵《かなでほんちゅうしんぐら》』）の以前に生まれた。先の三作と違って、歴史上の英雄は出てこない。基になったのも、魚屋の団七が舅を殺したという、ローカルニュースでしか扱われないような事件だ。平たくいえば、ヤンチャな男たちが「義」を盾にして、祭囃子の興奮と共に大暴れする。それを観る芝居と言えるかもしれない。しかし、最初から最後までお祭り騒ぎをしているのでは、息切れしてしまう。お辰はそのちょうどいい、一服の清涼剤として登場する。

本作は、通しで上演すれば九段続きとなる、かなり長い芝居だ。全体を作って、「じゃあここに綺麗な女性の良いシーンを入れましょうか」ということになったのか、「男ばっかりじゃ暑苦しいから色っぽい女性はマストね」とはじめから組み込まれていたのか。作劇法にまで想像をめぐらしてしまうほど、お辰の登場の巧妙さには舌を巻く。

この芝居の頃から、一つの芝居を立作者の指揮のもと、複数の作者で作る「合作制度」が採られるようになった。その成功例がこの『夏祭浪花鑑』であり、いずれにしても、男性の戯作者の合意により、お辰という女性の登場は、重要だったに違いない。

このお辰というキャラクターの造形や存在のさせ方は、巧みで意図的だと私は思う。というのは、次の理由による。

・団七という主役も引っ込めて、完全な見せ場として作っている
・前後の筋に関係ないのに、「鮮烈なシーン」として確立することに成功している

さらに詳細に述べるため、この場面をわかりやすく描写しよう。

## 女が空気を変えるには、空気を読まないのが最適解

団七は、主人の息子・玉島磯之丞のピンチを救うため、ひとまず世話になっている老人・三婦の家に磯之丞とその恋人の琴浦を預け、別々に逃げられるよう思案の最中。そんな中、三婦夫婦のもとに、徳兵衛（団七と義兄弟の契りを結んだ男）の女房・お辰がやってくる。お辰は徳兵衛と一緒に故郷の備中に帰る予定だったが、夫がまだ団七のいる大坂にいるというので、先に帰るため挨拶に立ち寄ったという。それならちょうどいいと、三婦の女房・おつぎが「大坂を離れるお辰さんに磯之丞さんを預けたらどう？」と提案。お辰も、玉島家は主筋なので、ぜひ私も役に立ちたいと乗り気。それを渋る三婦。なぜなら「お辰さんの顔には色気がある。若い磯之丞さんと何かあっては大変だから」と言う。するとお辰は夫のために、役に立ちたい一心で、傍にあった魚を焼くための焼きごてを手に取り、顔にジューッ（！）と、美しい白い肌に傷を付ける。そして「これでも色気がありますか？」とその場を圧倒する。三婦夫婦、ただただびっくり。その意気込みと覚悟があるならどうぞ、預けます。お辰、傷をおさえつつ笑顔で退場。いかがだろう。あまりに衝撃の展開すぎて、ちょっとついていけない方も多いかもし

れない。そこで今度は、現代風に変換して状況を説明してみたい。

真夏。若奥さんが、夫が世話になっている家にご挨拶に。ちょっと透け感のあるトップスにミニスカートという出立ち。おつぎさんから見ると、しっかり者の奥さん。でも三婦さんから見ると、自覚なきセクシー若奥さん。あのプレイボーイと二人っきりにしたらとんでもないことになる。うちのかかあはもう年だから、そういうことに気付かないんだなぁ。ダメダメ！　役に立つとかそういうレベルの話じゃないの――え、なんで！　顔のことを指摘したばっかりに、そのまま受け取って、美しい顔に火傷の痕を残したって！　鉄火だなぁ。男に生まれたらよかったのにな。ガハハ！　どうぞお願いします。

この時代特有の、大らかなコミュニケーションの取り方を抜きにして、現代の心でみると、ツッコミどころが多すぎて笑えない。顔が、とか、色気が、とか、男だったら、とか、そういった直接的な表現は置いておいたとしてもだ。

私はお辰が、この場面にだけポッと出てきて、「徳兵衛の女房」として登場し、「美人な女性」だけど「見た目を変えたら大事な役も引き受けられる」というミッションのみ遂行して帰っていくことが、気になって仕方ない。極め付きは、顔に火傷の痕が残るお辰を、おつぎさんが気遣う最後のこの場面だ。

おつぎ「その美しい顔へ疵《きず》までつけて徳兵衛さんに嫌われはせぬかえ」
お辰「こちの人の好くのはここ（顔）じゃない。ここ（心）でござんす」

ここで拍手が起きるのだが、いつも違和感が残る。花道で、たっぷりと放たれる台詞だから、自然と拍手してしまう観客の心理もあるだろうが、おそらく「顔に火傷の痕を付けるというびっくりな行動を起こすほど、夫の役に立とうとした」お辰への賛美の拍手が起きているのだと思う。

この状況をふと冷静になって考えてみると、他にやり方なかったかなぁ……と思ってしまうのだ。

しかも、お辰はこの件に関して、この場かぎりの描写で、清涼剤＋衝撃案件としてしか扱われない。お辰がどれほど徳兵衛のために尽くしていたかとか、その後、お辰の行動がどのように役に立ったか、などは一切触れられない。ただただ、外野の人なのだ。その輪に入るためには、自分の方を向いてもらうためには、衝撃の行動を取ることしかできない。その一瞬、「びっくりした！　すごい！」とその場限りの拍手で終わらせられる。

私はこの場面をみると、お辰の孤独に胸が締め付けられる。彼女にとっては、死ぬまで残る傷であり、決死の覚悟だ。「親にもらったこの顔に傷を付けました」と言っているが、この台詞は聞き流されている。

## お飾り女性の今昔

この空気感、何かに似ていると思う——男性社会のなかで、物事を変えようとする女性だ。

重要な会議にははじめから入れてもらえず、意見を通そうにも、ただ訴えるだけでは聞いてももらえない空気感。何かを変えるためには、相手を圧倒するための突飛な行動をするしかない。だが、身を削って伝えた何かも、いつの間にかなかったかのように別の話になり、定着することはない。また振り出しに戻ってしまうのだ。

若い女性の意見を本気で聞こうとしている場もあるだろうが、大抵女性に意見を求めようとするのは時流に乗っていることのアピールのためか、誰かのイメージアップのためのポーズではないかと呆然とさせられることがある。

昨今のおじさん議員の言動で、若い女性の力が必要と言いつつ、女性立候補者の応援演説の場で「若さと顔で選んでくれれば一番を取るのは決まっている」と誰もフォローできないような失言が出たり、自分が女性候補者の名前を間違えておきながら「あまりに可愛いので」と口をついて出たりしたことなどが思い出される。女性に求められているのは、結局見た目の華やかさだけだということを思い知らされる。

自身のことで言えば「歌舞伎女子」と紹介された二十代の頃の苦い思い出と重なる。鈍感な私は、はじめはその意味を深く考えておらず、同世代への歌舞伎啓蒙のためにと沈黙していたが、なんとなく本意ではないので、なるべくその名称を消す努力をした。〝○○女子〟という肩書を名乗ることは、女子でいられる間の期間限定商品ですと言っているようなもので、その世界で長く仕事をしていきたいという人間にとっては邪魔でしかないからだ。自己ブランディングで名乗ることは一向に構わないが、アナウンサーやスポーツ選手など、女子と連呼されることを好ましく思っていない職業の方は他にもいるはずだ。

ジェンダー平等の実現のために世の中が動き出している。と言われるものの、まだまだ女性の意見や女性の活躍は、既に作られた男社会の中では一瞬の花火に過ぎない。『夏祭浪花鑑』のお辰の行動も、一瞬の花火のようにパッと咲いて、消えていく。そんな

「信じられない行動を取った美人な女がいたな」程度の噂話で終わり、またもや男たちの鮮烈な喧嘩や争いにかき消される。

繰り返すがこの芝居の真骨頂は、男同士のぶつかり合いで、女性たちは「女性ができること」の範疇で、義を通そうとする。団七の女房・お梶も、三婦の女房・おつぎも、いきいきと存在しているが、いずれも「夫を鼓舞すること」で、存在感を発揮しているように思えた。

その意味では徳兵衛の女房・お辰は、夫のためとはいえ「自分の意思で行動して、何かを変えた（顔に傷を付けて主人を預かる大役を買って出た）」から、他の女性キャラクターと一線を画すのかもしれない。

役目を果たしたお辰は、何を思っただろうか。傷は痛んでいないだろうか。きっと「これで徳兵衛の男が立つなら私の傷なんてどうってことありません」、そう言うだろう。江戸時代は、夫のため、主人のために役立つことこそが、女性の幸せだった。そんなことが当時の時代背景を記した文献には書いてある。でももし、花道を引っ込むお辰に「強がらなくてもいいんだよ」と声をかけたら、どんな顔をして振り向くだろうか。

# 『鎌倉三代記《かまくらさんだいき》』時姫《ときひめ》

## ――姫は何不自由ないのか？

作者　近松半二ほか

初演　〈人形浄瑠璃〉安永十年（一七八一）三月、江戸・肥前座
〈歌舞伎〉文政元年（一八一八）二月、江戸・中村座

## 『鎌倉三代記』相関図

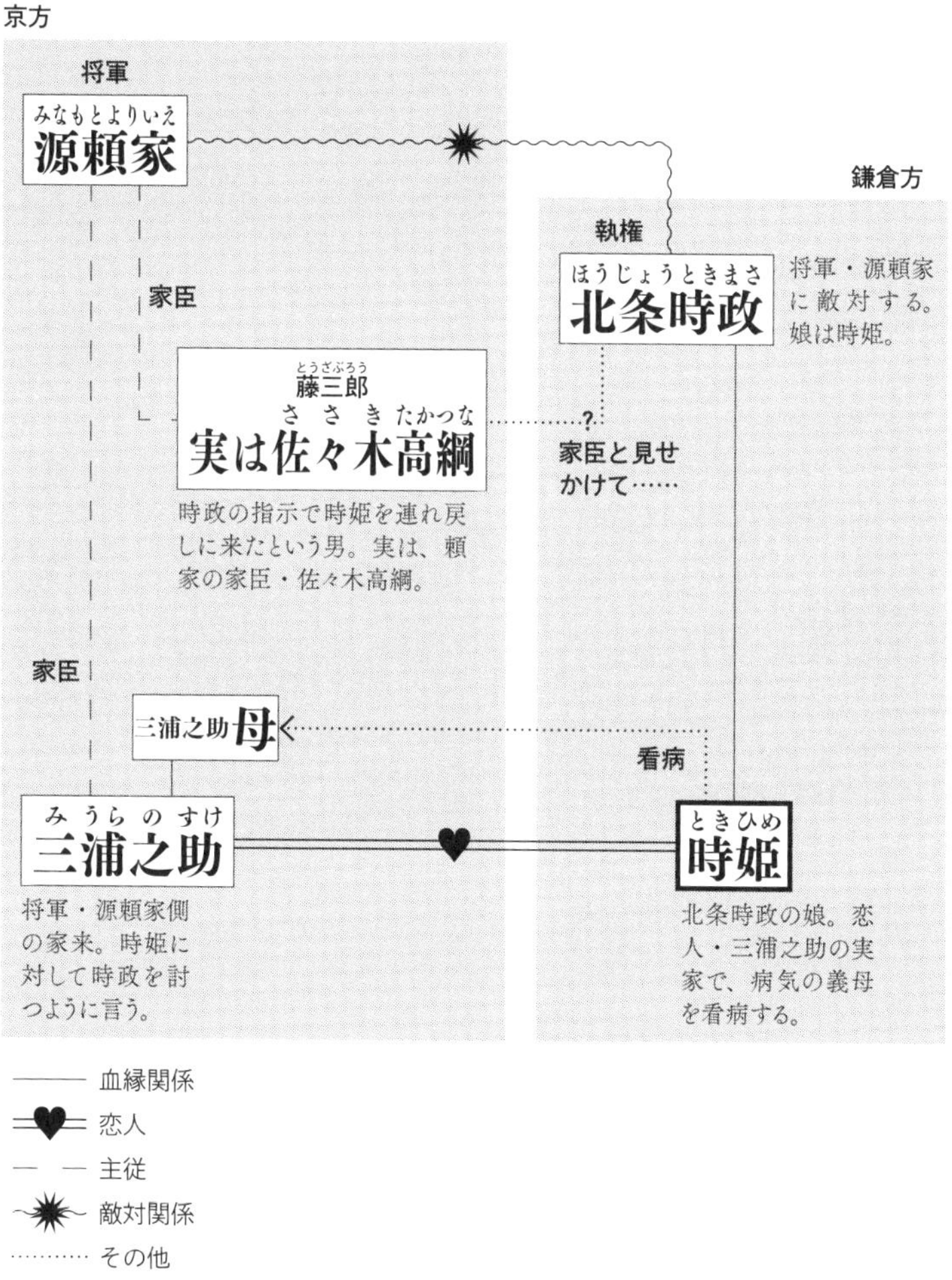
京方
将軍
源頼家《みなもとよりいえ》
家臣
藤三郎《とうざぶろう》
実は佐々木高綱《ささきたかつな》
時政の指示で時姫を連れ戻しに来たという男。実は、頼家の家臣・佐々木高綱。
家臣
三浦之助母
三浦之助《みうらのすけ》
将軍・源頼家側の家来。時姫に対して時政を討つように言う。
鎌倉方
執権
北条時政《ほうじょうときまさ》
将軍・源頼家に敵対する。娘は時姫。
?
家臣と見せかけて……
看病
時姫《ときひめ》
北条時政の娘。恋人・三浦之助の実家で、病気の義母を看病する。
血縁関係
恋人
主従
敵対関係
その他

## パーフェクトで取り扱い注意なプリンセス「赤姫《あかひめ》」

歌舞伎のキャラクターの分類に「赤姫」という括りがある。赤い振袖がトレードマークの、身分の高い家に生まれた、うら若き女性のことだ。赤という色が燃ゆる炎の色であることから、情熱を想起させる。つまり、一見おしとやかなイメージのお姫様ではあるものの恋愛に関しては積極的、且つ行動力があるところが赤姫の特徴である。

その中でも、単なる可愛らしいアイコンとしてのプリンセスにとどまらず、「三姫《さんひめ》」と名付けられ、特別扱いを受ける姫たちがいるのをご存じだろうか。それが『祇園祭礼信仰記《ぎおんさいれいしんこうき》』の雪姫《ゆきひめ》、『本朝廿四孝《ほんちょうにじゅうしこう》』の八重垣姫《やえがきひめ》、そして『鎌倉三代記』の時姫である。

彼女たちの総称「三姫」のように、歌舞伎では「三婆《さんばば》」(その名の通り、三人の老女役)とか「三大名作」とか、大事な何かを三つ選んで取り出す傾向がみられる。その「三」姫に入る基準は何かと言えば、演じるには相当な技量が求められる難役であることが挙げられる。が、それだけではないと私は思う。単純に役柄として置かれた設定でも、他作品の赤姫に比べ、とてつもなく重い宿命を背負って生きている。これこそ、三姫が特別扱いされている所以ではないだろうか。

三者三様、複雑な生き方を強いられているのだが、とりわけ『鎌倉三代記』の時姫が、私は気になって仕方がない。その理由を説明するに当たり、まずは一般的な赤姫の生態について、具体例を用いながら深掘りしてみたい。

まず、赤姫は自己肯定感の塊である。姫というくらいだから、裕福な生まれであることは想像がつくだろう。しかも単なるお金持ちのお嬢様ではなく、先祖代々受け継がれた血統を保持する、特別なお嬢様だ。家柄に恵まれたおかげで、生まれたときから物質的にも精神的にも満たされ、身の回りのことは乳人や家来たちがやってくれるし、最高級の着物を与えられ、何不自由なく暮らしている。言い方を変えれば、苦労を知らずに生きてきた、世間知らずと言えなくもない。しかも家柄の良さだけでなく、歌舞伎のプリンセスは、大抵美貌も備わっていることが暗黙の了解なので、もはや非の打ちどころがない。

周囲もそれを当たり前のように受け入れているので、姫を妬んだり、僻《ひが》んだりする人物もいない。ゆえに自分は愛されているという自信が、成長と共に肥大していく人生だ。現代でもよく言われるのは、小金持ちは、他者の目が気になって派手に着飾り、承認欲求を得たいがために必死でお金持ちアピールをする。ところが突出して裕福な家庭に育った人は、他者と比較することも己を自慢することもない。それゆえ、余裕のある立ち居振る舞いができるのだろう。

その余裕は異性との関係においても同様で、赤姫にとって、自分が愛する人は、イコール愛してくれる人。それが当たり前なのだ。このことは、歌舞伎のある演技の型にも表れている。

姫が一目惚れをする。または誰かに恋をしていることを打ち明けたくて、もじもじしている→そのことは自分で決して口にするまでもなく、乳人が察してくれる→すぐに乳人が恋の取り持ちをする→しかし相手が、やむを得ない理由で、姫の気持ちに応えられないと言う→姫は「そうじゃ」と言って、懐剣で自殺未遂を図る→相手はたちまち動揺し、「それほどまでに（私を愛してくれるのですね）」と、姫の純粋さにハートを撃ち抜かれる→気持ちに応えてしまう……といった具合だ。

この一連の展開は、型というか、お約束として成立している。姫の辞書に「片想い」という言葉は存在しない。そのため姫の「そうじゃ」からの自殺未遂という一連の動きは、突拍子もない大事なのに、相手方のやむにやまれぬ事情を聞き出すための単なる〝呼び水〟になっているのだ。

ちなみにこの行為は、したたかな計画性とか、女の武器を使うとか、親の権力にものを言わせて、とかそういうことではない。ただ、純粋に自分のことを嫌いな人がいる訳がない、その真っ直ぐな思いだけで事が運ぶのだ。リアルお嬢様、恐るべし……としか言いようがない。

第二に、赤姫は基本、他人頼みである。先ほどの恋愛話においても、好きであるということを乳人に気付いてもらうといったように、自分から直接何かをするという能力を持っていない。積極性はあるが、自分で解決するというすべを持たない。

実際の作品をみてみよう。

『菅原伝授手習鑑』の苅谷姫《かりやひめ》は、自分が恋愛をしてはいけない人と牛車の中でデートし、敵方に発見され、そのまま行方をくらましてしまう。この不祥事により、苅谷姫の父・菅原道真は身の破滅に追い込まれる。『新薄雪物語《しんうすゆきものがたり》』の薄雪姫《うすゆきひめ》も、恋をしてはいけない相手と(例の「そうじゃ」を使って)良い仲になってしまったので、のちに両者の父親を死に追い込むという悲しい事件の引き金を引いてしまう。

このように、赤姫は悪意のないトラブルメーカーの代名詞的側面もあり、大抵周りの大人たちは、そんな姫に大なり小なり翻弄されることが日常茶飯事なのだ。

と、ここまで赤姫の生態に迫ってきたが、いよいよ時姫について触れていく。端的に言えば、時姫はここまで説明してきた赤姫とは、環境の殺伐さ、越えなければいけないハードルの高さが比べものにならない。ピュアさだけでは切り抜けられない、悩み抜いて茨の道を歩むお姫様なのである。

## 戦闘ゲームの隠しアイテムにされた姫君

『鎌倉三代記』は、非常に重い歴史ドラマである。

時姫は、当時幕府の実権を握っていた北条時政の娘であり、鎌倉方の人間だ。しかし、時姫は対立する京方の人間である三浦之助と恋をし、親の反対を振り切って、三浦之助につくことを決意する。つまり、父親と婚約者との間で板挟みに悩み、苦しむ赤姫なのだ。他の姫たちと一線を画しているのは、自分の恋愛に責任を持ち、明晰《めいせき》な判断力、行動力を持っていることだろう。

姫のさらなる魅力は、精神的な強さを見せつけつつも、「ザ・赤姫」的性質も持ち合わせているところだ。時姫の登場シーンは、親の反対を押し切って一緒になった三浦之助の母、つまり義母の看病をするところから始まる。赤地の豪奢な振袖を身に纏《まと》いながら、なんと姉さんかぶりをして出てくるので、観客は驚く。義母の世話をするために、お付きの者も従えず、遠路はるばるやってきて、慣れない家事をしたり、(今まで箸より重いものを持ったことがないだろうに）夫の戦の準備を手伝うために、手をプルプルさせながら鎧を運んだりする。そこで余計に「赤姫なのに」という表現が強調され、観客は、か弱くも強い意志を持ったお姫様に同情するのだ。

しかし、そんな健気な時姫に、悲劇が訪れる。

父と夫との板挟みということで、一見どちらにも必要とされていると思われがちだが、実は時政にも三浦之助にも、〝一人の人間〟としては求められていない。父・時政は敵方に嫁いだ娘はお荷物だと思っており、家来の藤三郎を派遣して娘を連れ戻そうとする。しかも、どこの馬の骨かわからないようなその男に、「もし連れて帰ることができたら、時姫を好きなようにしていい」と言いつけている。

そんな毒親から守ってくれる王子様が三浦之助であればいいのだが、北条の敵である三浦之助は自分たちが不利な立場にあると察し、時姫を利用する。なんと「女房ならば夫の敵である、父・時政を討てるか」と迫るのだ。婚約者からこう言われてしまったら、時姫の答えは一つだ。逡巡の末、夫の言葉に従うのだった。家を捨てる覚悟でやってきた、唯一の拠りどころである三浦之助にも、結局は負けが込んできたときの隠しアイテム的に使われてしまう時姫。そして、父の命でやってきたという、謎のナンパ男は、実は三浦之助の味方である名将・佐々木高綱が化けた姿。時政も高綱に騙されていたのだ。

時姫は親にも邪魔者扱いされ、夫にも政治的に利用されるという、残酷な結末を迎える。

## 赤姫は親ガチャのハズレかアタリか

見方によると、時姫は童話に出てくる典型的な「プリンセス」を想起させるかもしれない。いわゆるプリンセスは、申し分ない地位も美貌もあるのに、「運命のいたずら」と呼ばれる試練に直面し、一旦不幸な道を歩まされる。しかし、姫の勇気や愛嬌や努力によって、最終的には王子様に出会い、幸せを掴んでいく。そんな女性たちだ。

一方で、時姫が生まれたのは日本であり、戦乱の世であった。いくら自分が「赤姫なのに」周りに頼らず、自分で考えて行動する女性であっても、所詮は政治の駒にすぎないのだ。

時姫にとっての悲劇は、自らの意思で選択をしているようでいて、実は選択肢がなかったことである。父、つまり家を取ったとしても、駒として不利な立場に落ちた娘に帰る場所は用意されていない。夫を選んだとしても、妻として愛される未来もない。昨今のアニメ映画のプリンセスのように、自分で決断できる〝風〟でありながら、時姫はこの時代の「お姫様」としての役割からは逃れられない。重い振袖を、身軽なドレスに変える魔法は持っていないのだ。

高貴な身分で、みんなからちやほやされ、何不自由ないとみられがちな赤姫。現代の言葉を借りるなら、「親ガチャ」のアタリを引いた女の子として映るだろう。しかし武家社会では、いくら裕福な家に生まれても、跡継ぎになれない人間として扱われる。唯一の武器である「結婚」によって自分の役目を果たそうとするも、戦況によって、それがいつ、どう転ぶかわからない。そんな細い綱の上から落ちないよう、周囲の顔色を窺いながら、品位を持って、政治に口を出すことなく、赤い振袖を着せられた〝お姫様〟の幸せとは一体何だろう。

赤い振袖を着た世間知らずの仮面を被ったお姫様。その仮面の下を覗いてみると、実はこれからの苦難の道を予見し、歪んだ表情をしているのかもしれない。

# 『一條大蔵譚《いちじょうおおくらものがたり》』常盤御前《ときわごぜん》

## ――〝義経ママ〟の献身

本名題『鬼一法眼三略巻《きいちほうげんさんりゃくのまき》』
作者　文耕堂・長谷川千四
初演　〈人形浄瑠璃〉享保十六年（一七三一）九月、大坂・竹本座
〈歌舞伎〉享保十七年（一七三二）、京・嵐小六座

『一條大蔵譚』相関図

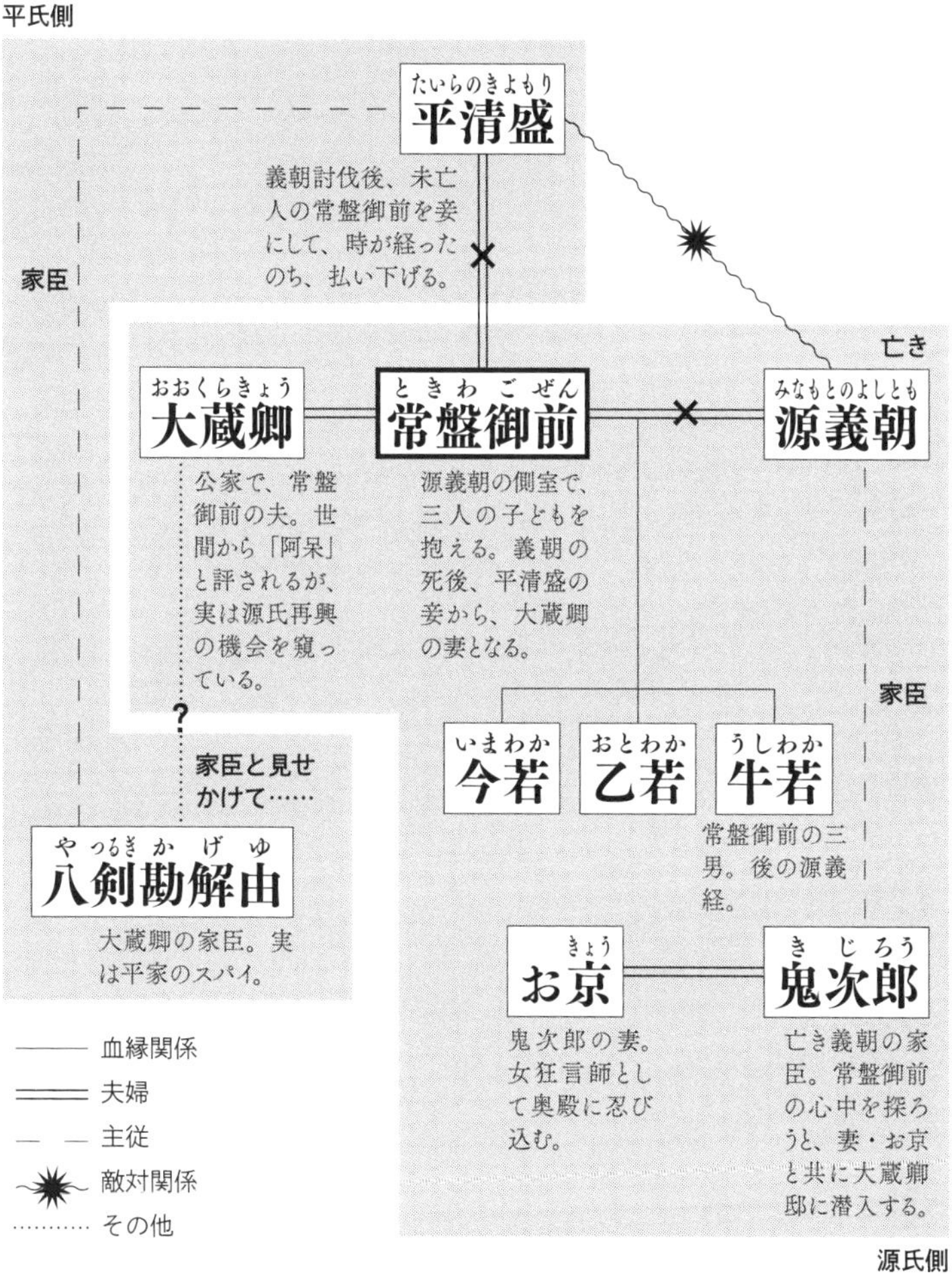
平氏側
平清盛《たいらのきよもり》
義朝討伐後、未亡人の常盤御前を妾にして、時が経ったのち、払い下げる。
家臣
亡き
大蔵卿《おおくらきょう》
常盤御前《ときわごぜん》
源義朝《みなもとのよしとも》
公家で、常盤御前の夫。世間から「阿呆」と評されるが、実は源氏再興の機会を窺っている。
源義朝の側室で、三人の子どもを抱える。義朝の死後、平清盛の妾から、大蔵卿の妻となる。
?
家臣と見せかけて……
家臣
今若《いまわか》
乙若《おとわか》
牛若《うしわか》
常盤御前の三男。後の源義経。
八剣勘解由《やつるぎかげゆ》
大蔵卿の家臣。実は平家のスパイ。
お京《きょう》
鬼次郎《きじろう》
鬼次郎の妻。女狂言師として奥殿に忍び込む。
亡き義朝の家臣。常盤御前の心中を探ろうと、妻・お京と共に大蔵卿邸に潜入する。
血縁関係
夫婦
主従
敵対関係
その他
源氏側

## 子の命と引き換えに己を捨てた女

『一條大蔵譚』は、平家全盛の世で、密かに源氏再興の時を待つ公家・一條大蔵卿長成《ながなり》の悲哀を描いた物語だ。大蔵卿という高い地位に就きながら、源氏にも平氏にも肩入れせず、阿呆《あほう》のふりをして政治に無関心を装っている。しかし真の姿は、源氏の血筋を引く聡明な男。毎日、能狂言に興じることしか能がないうつけ者を演じながら、腹の底では源氏に心を寄せているのだ。

この作品の眼目は、バカ殿様の姿から、突如、長刀を振りかざす勇敢な公家という本来の姿があらわになるシーンである。その本心を見せたのも束の間、再び阿呆の姿に戻り、これからも自分に嘘をつきながら生きていかねばならない大蔵卿の立場のやるせなさに、観客は感情移入し、幕となる。

しかしこの作品でもう一人、大蔵卿と同じように、いやそれ以上に、今生を生き抜くために己を偽りながら生きる登場人物がいる。

それが大蔵卿の妻・常盤御前だ。都で千人もの美女が集められたその中でも、一際美しく頭の良い女性というパーソナリティーはそれほど知られていないかもしれないが、

「源義経の母」と言えば、想像がつくはずだ。

彼女は元々、源義朝の側室であり、今若、乙若、牛若（後の義経）という三人の子を義朝との間にもうけている。彼女の悪夢は、夫を平家方に殺されたことに始まる。平家の大将・平清盛は、三人の子どもと共に残された美しい常盤に、ある選択を迫るのだ。このまま三人の子どももろとも殺されるか、はたまた自分の妾となり意のままに従うか……。幼い子どもたち、牛若に至ってはまだ乳呑み子という三人の息子を守ることに必死だった常盤は、無念ながら夫の敵に身を委ねることを選ぶのだ。

やがて清盛からも払い下げとなり、今度は誰からも相手にされない大蔵卿の元に嫁いできた常盤御前。事情を知らない人からみれば、憎き夫の敵の相手になったかと思えば、今度は無能と噂される公家の妻になるという事実のみが際立つ。「節操なく男を乗り換える尻軽女」と世間で噂が立つのも無理はない。

しかし、常盤は全て覚悟の上だった。自分はどう思われようと息子や亡き夫のため、また源氏が滅びぬよう、世間体、プライド、女としての自尊心、全てを放棄して、生きていくことを決意したのだ。

彼女のなり振り構わず身を捧げる生き方は辛く、痛々しい。だが中には「でも昔の偉い人って愛のない結婚が当たり前だって聞いたし、意外と我慢強くて平気だったんじゃない?」と捉える人もいる。それでは常盤御前があまりにも気の毒である。受け入れられる器の大きさが、時代によって違うなんてこと、ある訳がない。

## 辛すぎる一人の女性の処世術

私たちは歴史を振り返るとき、昔はそれが世間の常識、規範だったという固定観念にとらわれることはないだろうか。昔は一夫多妻制だったから、夫が浮気をしてもなんとも思わなかったのだろうとか、昔は七歳まで子どもが生きられる確率が今と比べて格段に低かったから、幼くして子どもが死んでしまっても諦めがついたんだろうとか、そういう考え方だ。

特に歌舞伎のようにデフォルメされた世界観を持つ演劇は、リアルからかけ離れた表現が織り込まれているため、そう思いやすい。世話物と呼ばれる江戸の市井の人々を描いた作品のほうがまだ、文化もルールも想像がつきやすく、何に怒り、何に悲しむのかを共有しやすいかもしれない。

一方、この『一條大蔵卿』のような時代物では、史実に基づいたキャラクターが出てくるため、余計に「この時代の常識だから」「歴史に出てくる偉人は凡人とは違う」と片付けてしまいがちだ。

しかし、常盤御前の悲痛な訴えを聞いてほしい。それは、亡き夫・義朝の家来である鬼次郎夫婦が、常盤御前に源氏再興の意思があるか、その本心を確かめるために大蔵卿の館に忍び込む場面での台詞だ。

何日も潜伏して常盤御前の様子を窺っていた妻のお京は、存分におめかしをして三度目の夫である大蔵卿に猫なで声で甘え、奥座敷で楊弓遊びに興じる常盤の生活ぶりを見て愕然とする。源氏の未来を憂い、夫の鬼次郎と共に座敷に乗り込み、源氏のことも、義朝の恩も忘れてうつつを抜かす常盤御前を散々になじる。挙句、鬼次郎は、常盤御前の持っている弓を取り上げ、あろうことか常磐を思い切り打ち据えるのだった。しかし常盤は家来に叩かれたことを非難するどころか、鬼次郎夫婦を「天晴《あっぱ》れ忠臣」と褒め称える。これまでのわがままな振る舞いは、全て源氏再興の意志を見せないためのフェイクだったのだ。そう本心を吐露する台詞の中で、こんなことを言っている。

「現在かたき清盛に枕並ぶるささめ事。虎狼のさけぶより、耳に聞えて恐ろしく。錦のしとねも我が為には、毒蛇のうろこに伏す心地。いかなる地獄の責なりともこの辛さにはまさらじと思いくらせしこの年月。二人の者推量してたもいのう」

楊弓の的の下には清盛の絵姿がしのばせてあった。毎夜丑の刻詣のつもりで矢を放っていたという。この生々しい常盤の嘆きを聞いては、「昔の女性は我慢強くて何でも受け入れられた」と誰が言えるだろうか。清盛の非道ぶりに耐える常盤御前の悔しさ、恥辱といったらない。

歌舞伎では、この長台詞を聞き取れないと、常盤御前のきらびやかな拵《こしら》えも相まって、軽く見過ごされ、悲惨さは薄まるだろう。「よくわからないけどゴージャスな暮らしは保障されていたんだからいいじゃない」という印象が先行し、常盤御前が女であることを利用せざるを得なかった哀しみはさらっと流されやすい。女は着飾って、言われた通り男の妻になることしかできない弱い生き物で、できることと言ったら呪うくらい。そうとれなくもない。

## 〝義経ママ〟が後世に残したもの

現代において、外見は武装していても、内面は非常にナイーブという女性は少なくない。化粧もお洒落も完璧にこなし、ブランドバッグを手に毎日豪奢なランチ、ＳＮＳでは華やかな生活をアピールしていても、夫婦生活や恋愛関係に悩む、実は孤独な女性たちと重なる。美しさを保ち、体裁よく役割を演じることが生きるすべ。しかしその奥底には押し込められた感情が渦巻いているのかもしれない。

だからと言って、それを吐き出すことに勝算がある訳でもない。今の暮らしがどんなに恵まれているかを自分に言い聞かせて、生活や安定を守ることと、それらを壊して行動することとを日々天秤にかけている、タワーマンションから外の景色をぼーっと眺める女性の姿を想像してしまった。

そんな私の空想の世界に生きるタワマンの住人と常盤御前が違うのは、忠臣を信じて、時節が来るのを辛抱強く待ったことだった。自分一人の力では何も変えられないが、義朝様を慕う源氏の武士たちはきっと行動を起こしてくれるはず。そう信じて清盛を呪い続けたのだ。逆に言えば鬼次郎たちがスパイとして館に潜入しなかったら、ただの無力な女性であったことを露呈する結果ともなっている。

待つこと。辛抱すること。女の武器を使うこと。やはりこの時代の女性のライフハックとしてはそれしかなかったのかと改めて思い知らされる。

歌舞伎のストーリーに話を戻してみよう。常盤御前が本心を打ち明けるところを、家老の八剣勘解由という人物が聞いており、全て清盛に注進すると言い、飛び出していこうとする。このピンチを救ったのは、思慮分別ある本来の姿の大蔵卿だった。御簾《みす》の中から長刀を繰り出し、勘解由を成敗する。そして鬼次郎には、時節を待って源氏の白旗を揚げるよう説くのだった。

大蔵卿も、常盤御前も、源氏のために本心を隠しながら、自分を偽って生きてきた人間という意味では同じ境遇だが、主役になり得たのは、待つこと、我慢すること、さらにいつでも発動できる行動力があったかどうかの違いだろうか。

しかし脇役であったとしても、歌舞伎演目内で取り上げられ、一人の女性の生き様として後世に語り継がれていることは、彼女にとっては喜ばしいことかもしれない。

なぜなら、冒頭でも述べたように、常盤御前が歴史の中で語られるのは大抵「義経の母」としてだからだ。さまざまな文学作品や舞台作品に取り上げられてきた女性だが、どんな場面においても、平家討伐で活躍した悲運のヒーロー・源義経を産んだことでしか注目されなかった。江戸時代、頑張っても○○の妻、○○の母としか名を刻まれない女性たちの叫びは、現代でいう○○さんの奥さん、○○ちゃんのママというレッテルを貼られる女性に通じるものがあるかもしれない。その中で、常盤御前という一人の女性として、子どもを守るために選択したこと、自分にしかできない意思決定のもと、歴史のバトンの一部になったことは輝かしい功績ではないか。常盤が人目を盗んで行動しようとすれば、自身も源氏もさらに追いつめられたことだろう。常盤御前が、信用できる家来たちに源氏の未来を託したおかげで、義経が生き延び平家討伐に繋がったのだと強調しておく。

彼女は自分が生きるために、心を無にして従った訳ではない。死ぬより辛い生きる道を選んだことで、源氏の栄光の歴史が繋がった事実が今残っている。それだけで常盤御前はきっと報われると、私は思うのだ。

# 『女殺油地獄《おんなごろしあぶらのじごく》』お吉《きち》

## ――女性の親切心と自己防衛

作者　近松門左衛門

初演　〈人形浄瑠璃〉享保六年（一七二一）、大坂・竹本座
〈歌舞伎〉明治四十二年（一九〇九）十一月、大阪・朝日座

## 『女殺油地獄』相関図

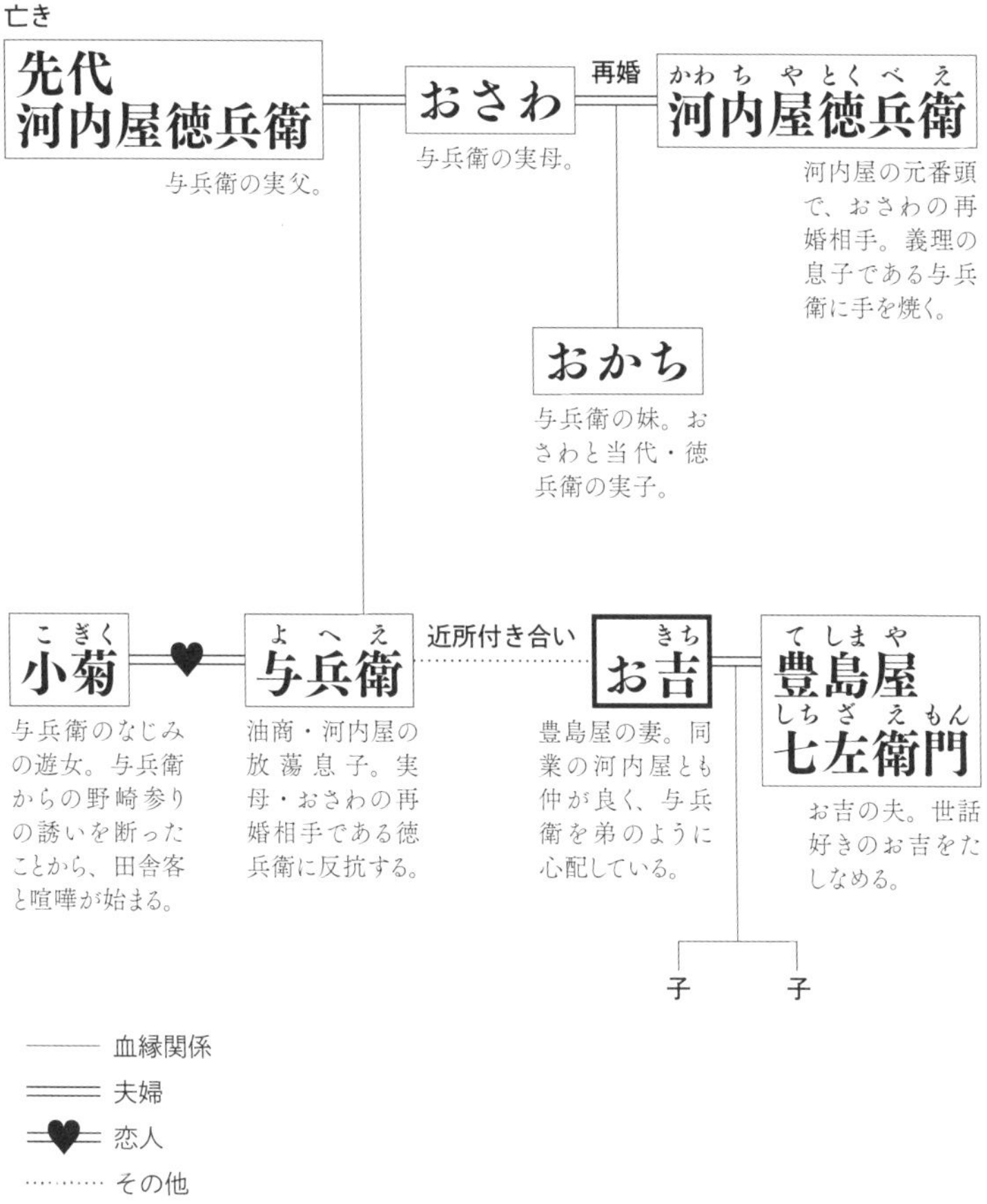
亡き
先代
河内屋徳兵衛
与兵衛の実父。
おさわ
与兵衛の実母。
再婚
河内屋徳兵衛《かわちやとくべえ》
河内屋の元番頭で、おさわの再婚相手。義理の息子である与兵衛に手を焼く。
おかち
与兵衛の妹。おさわと当代・徳兵衛の実子。
小菊《こぎく》
与兵衛のなじみの遊女。与兵衛からの野崎参りの誘いを断ったことから、田舎客と喧嘩が始まる。
与兵衛《よへえ》
油商・河内屋の放蕩息子。実母・おさわの再婚相手である徳兵衛に反抗する。
近所付き合い
お吉《きち》
豊島屋の妻。同業の河内屋とも仲が良く、与兵衛を弟のように心配している。
豊島屋《てしまや》
七左衛門《しちざえもん》
お吉の夫。世話好きのお吉をたしなめる。
子
子
血縁関係
夫婦
恋人
その他

## 女性の自由を奪う「危ないから家にいろ」論

以前SNS上で、女性が一人でキャンプに行ったとき、男性に火おこしを手伝ってほしいと言われ快諾したところ、危うく襲われそうになったという投稿があった。しばらくは「ソロキャンプには防犯対策が必要だ」という類のコメントが寄せられたが、次第に「女性一人でキャンプに行くこと自体誘ってくださいと言っているようなものだ」「女性は一人でキャンプに行くべきではない」「自業自得」という意見が続出したのだ。こうしていつの間にか、「被害にあうのは女性に隙があったから」「(守ってもらえる)男性と行くべき。でなければ女性はソロキャンプに行かないのが得策」といった謎の方向で議論は終結しようとしていた。

痴漢犯罪が起きたとき、女性が露出の多い服装をしているのにも原因はあるとか、ストーカー被害にあった女性に対して、気のある素振りをしたからでしょという声が上がるのと同様に、加害者ではなく被害者の女性が責められ、しまいには大人しくしていろという意見が出てくることが不思議でならなかった。こうした事件を目にするたびに、思い出す歌舞伎演目がある。それが『女殺油地獄』だ。

タイトルのおどろおどろしさが表す通り、本作は金に困った青年が、何の罪もない人妻を衝動的に殺してしまう事件を描いている。加害者は油屋を営む河内屋の次男坊、被害者は同業豊島屋の女房。若い男女が油まみれになりながら、血に染まっていく様は強烈な印象を残す。この作品を未見の方は、歌舞伎にありがちな「男と女の痴情のもつれによる殺人事件」を想像するかもしれないが、主人公・与兵衛は大坂の不良青年、被害者の女性・お吉は、近所の優しいお姉さんで、二人の間に男女の関係はない。

「姉弟のような二人がなぜ」という見出しがおどりそうな、現代にもあり得る事件である。しかし初演されたのは享保六年（一七二一）、今から三百年以上前だ。当時脂ののりきっていた近松門左衛門の作ということもあって、初演時さぞ大入り満員になったかと思いきや、当時の評判は芳しくなく、以降お蔵入りとなってしまう。その理由は、当時の社会通念と乖離《かいり》していたことが原因と言われている。

「勧善懲悪」や「因果応報」の芝居に慣れていた江戸の人たちにとっては、色恋の理由なく凄惨な殺しを働くこと、しかも罪なき優しい人妻を殺《あや》めること、そして捕縛された後も反省しているのかどうかわからない、与兵衛の複雑な精神性に共感できなかったのではないだろうか。

しかし、明治になって再演されて以来、本作はさまざまな解釈がなされ、現代も上演頻度が高い。作り手にとっても役者にとっても、心理分析が多様で演じ方が一通りでなく、演劇としての可能性を感じる作品と捉えられているようだ。映画や新劇、現代劇にリメイクされる機会が多いのも、時代ごとに大衆の受け止め方が変わっていく面白さがあるからだろう。

## 男の誤解　女の油断

本作の設定はこうだ。主人公の与兵衛は、家業のことも顧みず放蕩三昧。喧嘩はする、遊女に金をつぎ込む、家でもやりたい放題で、気に入らないことがあれば暴力を振るう。そんな与兵衛のことを、姉のような視点で気にかけているのがお吉だった。若くして豊島屋の女房となり、夫をサポートし、今は二人の子を育てるその姿は、主婦業と育児に疲れたおっかさんではなく、「抱く手引く手に見返る人も　子持ちと思えぬ花ざかり」と詞章にあるように、若さと色気が溢れる女性だ。それでも与兵衛はお吉に対して、単なる近所の口うるさいお姉ちゃんだという姿勢を貫いている。見た目が美しいのは認めるが、いつも正論ばかりを言ってくるので「見かけだけでうまみのない、飴細工の鳥」

のようだと陰口をたたいている。

私はこの作品の醍醐味は、与兵衛とお吉の関係性の危うさにあると思う。冒頭で二人に男女の関係はないと言ったが、本心はどうなのか？ そう匂わせるような、観客が勝手に二人の関係を疑うに十分な場面がちりばめられているのだ。それが近松のうまさであり、江戸の観客を困惑させる原因になったのかもしれない。しかしその危うさというのは、男女の考え方の違いが関係するのではないか、とふと思った。

例えば幕開きの場面――与兵衛が野崎参りに行く道で田舎客と喧嘩をし、泥まみれになっている。喧嘩の原因は、与兵衛が入れ込んでいる遊女の小菊を、とったとられたと諍《いさか》いになったからだ。さらに、その喧嘩でぶつけ合っていた泥が、ちょうど通りかかった侍にかかってしまい、大惨事となる。このままでは無礼を働いた罪で、命を取られるかもしれないという状況だ。そこにお吉が通りかかるので、与兵衛は、ついさっきまで軽口をたたいていたお吉に泣きながらすがりつく。お吉もお吉で、またいつものように暴れて……と半ば呆れ果てながらも「近所のよしみもあるし」と言い、泥まみれの着物を近くの茶屋に入って拭いてやろうとするのだ。

女性からみれば、少なくとも私にはお吉の行動は、世話焼きの優しいお姉さんの行動にしか映らない。もちろん人通りの多い時間とはいえ、若い男を引っ張って二人きりになるのは危ない。しかしお吉としては、自分は結婚して子どももいるし、与兵衛は完全に弟のような存在。今さら男女のどうこうもなく、密室で帯を解いて体を拭いてあげることなど、子どもの世話をするのと変わらない、そう考えての行動だと思える。

しかし相手の与兵衛は、果たしてそうだったのか。それは観客に委ねられている。もちろん、お吉の夫が「与兵衛は弟みたいなものだから、二人きりになっても絶対に大丈夫」という感覚を共有できる訳はない。この一件で、夫・七左衛門から「もっと行動を慎むように」と言われたことが、後の悲劇に繋がっていく。

与兵衛の家庭環境はやや複雑で、父親が早くに死に、母親は河内屋の番頭の徳兵衛と再婚している。与兵衛が家で王様のように振る舞えるのも、主となった徳兵衛が遠慮がちなことも関係している。元々仕えていた男が、いつの間にか母の隣にいることや、ましてや突然、自分の父になることに抵抗があるのはわかる気がするが、与兵衛の横暴ぶりは目に余るものがある。

さらに問題なのは、与兵衛は父親の印判を勝手に借りて多額の借金をしていることだ。今日金を返さなければ、明日銀のレートが変わるため、その借金額は大きく膨れ上がってしまう。

八方塞がりの与兵衛は妹にも迷惑をかけ、母にも暴力を振るったため、とうとう勘当の身となる。そんな行くあてのない与兵衛が向かったのは、豊島屋だった。もしかすると、日頃から自分に優しく接してくれるお吉なら助けてくれるはず、という確信があったのかもしれない。

一方お吉は、先ほど与兵衛の両親から、「もし息子がお吉さんを頼ってきたら渡してくれないか」と金を預かっていた。勘当するような不良息子でも、簡単に見捨てることはできないという親心は、母親であるお吉には響いたのだろう。今度は与兵衛を、弟というより子どものように思えてきたのかもしれない。なんとか改心させたいと、与兵衛に両親の気持ちをもっと汲むよう諭すのだった。

それを聞いた与兵衛は「今から真人間になって孝行する」と、心に響いた素振りをみせる。しかし親がくれた金が借金の額に到底及ばないことに落胆し、今度はお吉に改めて金を貸してくれるよう懇願するのだ。この一瞬で変わる内面の複雑さが掴みどころがなく、いわゆる「キレる若者」をみるようで、現代性を持った作品と評される所以かもしれない。

## 優しい美女が殺されないための予防策とは

与兵衛はいつも、相手がいかなる気持ちで自分に助言しようとも聞き入れず、自己弁護に走る傾向がある。父親を失ってからなのか、相手が誰であっても、自分より上に立つことを拒否し、反発する者を排除しようとする。義父も妹も、母さえも自分の支配下に置こうとするのは、甘えであり、恐怖にも似ている。暴力で解決するというのはその表れではないか。そして、頼りにしていた〝姉〟のようなお吉さえも、その標的となってしまうのだ。

金を貸してほしいと言われたお吉。与兵衛も芯からグレているのではないし、まとまった金もここにない訳ではない。しかし今は世帯主の七左衛門は不在だし、例の野崎参りの一件以降、夫から与兵衛との関係を疑われていることもあり、金を貸すことはできないときっぱり拒絶する。

最後の望みであり、唯一頼りになる、どこかで自分に好意を持っていると思い込んでいた女性に拒まれたショックは相当なものだろう。上に立っていないと安心できない与兵衛のプライドも傷つけられたはずだ。その行き場のない苛立ちと焦りが、殺人という最大級の暴力を生んでしまったのではないだろうか。

「女性の親切を恋愛だと勝手に解釈する人がいるから、女性は過剰に自己防衛しなければいけない」という理論に沿って考えると、お吉へのアドバイスは「殺されたくなかったら、日頃から色気を消すよう努力をして、なるべく男性には優しくしないで」としか言いようがなくなってしまう。女性は男性からの目だけを意識して、メイクをしたりファッションに気を遣ったりしている訳ではないし、ましてや異性にモテるための点数稼ぎで人に親切にしている訳でもない。お吉の行動指針も同様だと思う。それなのに、何かあると女性にも一因があったと考察されるのは不本意極まりない。

「夫の留守に一銭でも貸すことはできない」と、お吉が頑《かたく》なな姿勢をみせたときに、与兵衛が絞り出す「不義になって貸してくだされ」という台詞が耳に残る。しかしお吉は、自分の命の危険が案じられても、与兵衛に体を許すような素振りをして命乞いをする態度は決して取らなかった。このお吉の凛とした態度があるからこそ、余計に与兵衛の掴みどころのない弱さ、不安定さは、樽から溢れる油のようにどろどろとしたものにみえるのだ。

## コラム「○○な女」①

# 「闘う女」お園《その》──『毛谷村《けやむら》』

### 武闘派お姉さんは好きですか

歌舞伎に出てくる、肉体的に強い女性は誰かと聞かれれば『毛谷村』のお園が真っ先に浮かぶ。石臼を持ち上げるほどの怪力、次々にやってくる謎の浪人たちを、「私はこんなに辛い生い立ちでした」と語りながら、すっぱすっぱと斬っていく姿に悲壮感はない。痛快で爽快だ。

『毛谷村』は、『彦山権現誓助剣《ひこさんごんげんちかいのすけだち》』という長編のプロローグ的な話である。主人公の六助とお園が出会い、仇討ちのために立ち上がるというのが主題だが、どこか漫画っぽさがある。

お園は冒頭、虚無僧《こむそう》姿で登場するが、六助だけは「この子は女の子だ」と見破る。二人は吉岡一味斎《よしおかいちみさい》という最強の男（お園の育ての親で六助の師匠）が勝手に決めた婚約者であるが、初対面だ。それなのに「説明せずともわかってくれる運命の人」とでも言おうか。お園は六助《ろくすけ》の正体がわかると、先ほどまでの攻撃的な態度から一変し、途端に恥じらい、ヘナヘナとした「女」になるのだ。それまでの男装の麗人的カッコよさに目を奪われていた観客にとっては、突然のキャラ変は少し残念ではあるが、これぞ「ギャップ萌え」である。

そういえば、ただ強いだけの女性は、歌舞伎に登場しただろうか？

# 二章　「私はこの家に生まれたから」——身分にとらわれて

# 『野崎村《のざきむら》』お光《みつ》
## ――「フツウの女の子」の結末

本名題『新版歌祭文《しんぱんうたざいもん》』
作者　近松半二ほか
初演　〈人形浄瑠璃〉安永九年（一七八〇）九月、大坂・竹本座
〈歌舞伎〉天明五年（一七八五）九月、大坂・中の芝居

## 『野崎村』相関図

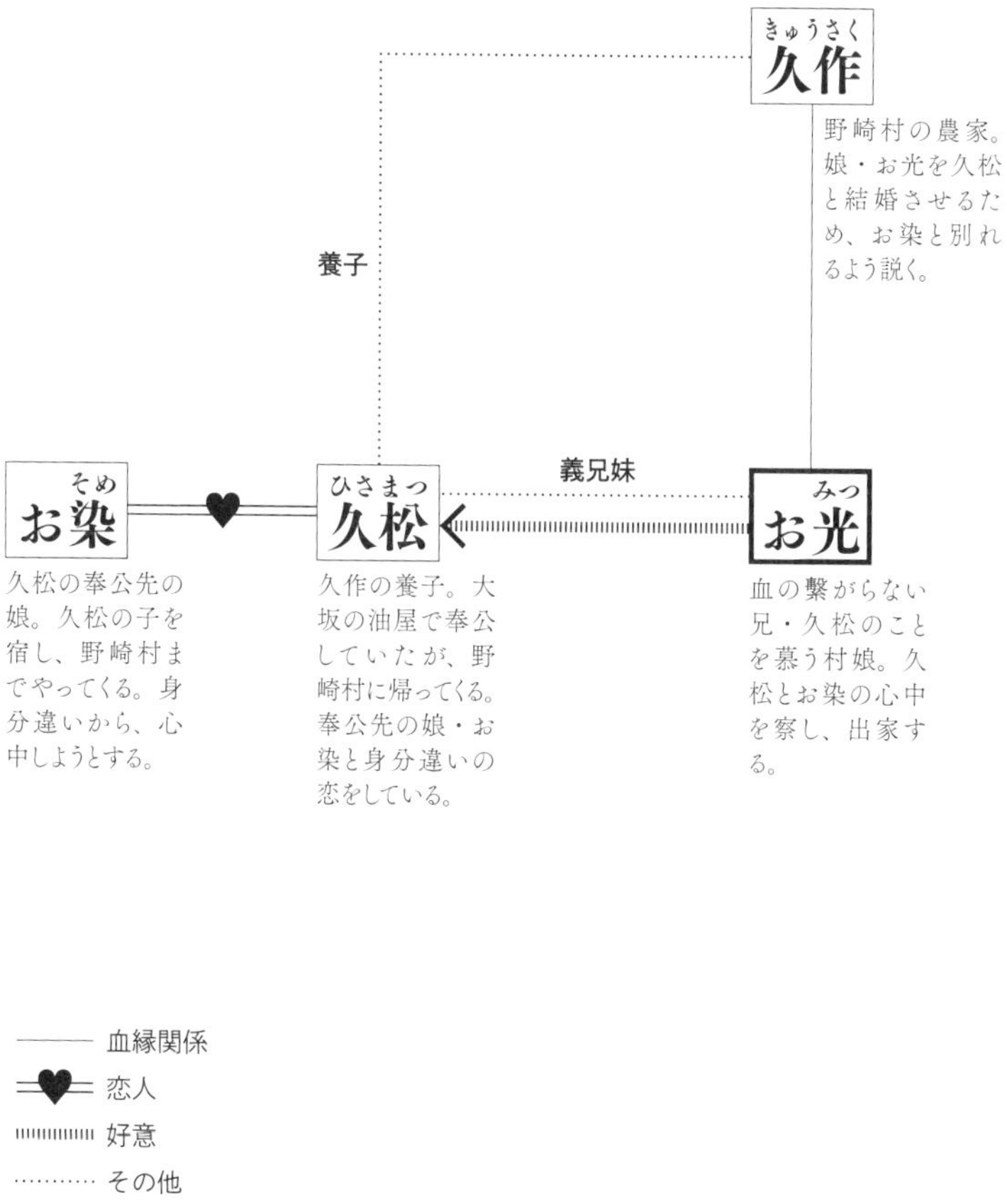
久作《きゅうさく》
野崎村の農家。娘・お光を久松と結婚させるため、お染と別れるよう説く。
養子
義兄妹
お染《そめ》
久松の奉公先の娘。久松の子を宿し、野崎村までやってくる。身分違いから、心中しようとする。
久松《ひさまつ》
久作の養子。大坂の油屋で奉公していたが、野崎村に帰ってくる。奉公先の娘・お染と身分違いの恋をしている。
お光《みつ》
血の繋がらない兄・久松のことを慕う村娘。久松とお染の心中を察し、出家する。
血縁関係
恋人
好意
その他

# 元祖少女漫画⁉︎ 既視感アリな恋ものがたり

一章でさまざまな境遇の女性の生き様を紹介したが、「歌舞伎と言えば様式美こそが真骨頂」という先入観を持っていた方には「意外と登場人物の心理描写が細やかだな」と思っていただけたかもしれない。そう、歌舞伎作品は「現代にも通じる人間ドラマの宝庫である」と気付くのが早ければ早いほど、距離が近づく演劇なのだ。

そのため、現在上演されている何百という作品群の中で、初期段階に何を観るかというのは後の歌舞伎人生に多大なる影響を与えると思う。その点、私が初めて深く向き合った演目が『野崎村』だったことは、かなりラッキーだった。

本作の概要を紹介すると――主人公は素朴な村娘・お光。病気の母親に代わり、遊び盛りの年頃ながら家事全般を引き受けつつ、親子三人で暮らす、元気で前向きな女の子。お光には血の繋がらない兄・久松がいて、今は奉公に出ている。久松は元武士の子だが、家が没落したためお光の父が引き取ったのだ。品があり、イケメンの久松にお光はぞっこん。いろいろあって、久松が今日奉公先から帰されるというので、年頃の二人、祝言をあげなさいと父から言われ、舞い上がるお光なのだった。しかし嬉しかったのもたった半刻《はんとき》、久松が帰ってきたかと思えばその後、超絶美人なお染という少女が久松を追ってやってきて……。

というのが、ざっくりとしたあらすじだ。幼なじみとの恋、美人なライバルの出現、三角関係の行方。初めて台本を読んだときは「(こちらが先なのに) 少女漫画の設定丸パクリのベタなラブストーリー」にしか思えなかったし、それが日本の伝統芸能と崇められていることが衝撃的だったのを覚えている。もしこれが、骨太な時代物だったとしたら、共感ポイントを探すという発想に至らず、歌舞伎に興味を持っていなかっただろう。

## 「女子から支持を得がち女子」の恋バナの末路

前述の通り、私と歌舞伎の出会いは歌舞伎を実演する部活動だったため、『野崎村』も観るのではなく学生なりに演じた作品である。他愛もない話だが、国劇部(歌舞伎研究会)には女子部員が多く、主要キャラクターを女性で演じることになったので、「結局久松はどっちのことを好きだったと思う?」と、まるでトレンディードラマの展開を考察するように歌舞伎を語れたことも珍しい環境だった。

そんな「野崎村談議」で女子部員の見解は概ね同じであり、「お光は良い子だよね」と応援したくなり、そんなお光を選ばない「久松って馬鹿だよね」というものだった。ちなみに私は久松を演じたこともあり、お光とお染の魅力をフラットに比較したつもりだが、どう考えても、お嫁さんにしたいのはお光だろうと思っていた。おそらく、健気な主人公が善で、その気持ちを蔑《ないがし》ろにするイケメンは悪、さらに恋敵の金持ち美人はもっと悪人だという少女漫画の方程式にとらわれていたせいもある。

そうやって女子部員がもれなく「お光びいき」になるのは、お光が自分自身と同じ「フツウの子」であるため共感を生みやすく、いわば自分を投影するピュアなお光の乙女心を、これでもかと踏みにじるストーリーへの反発心もあったのだろう。

冒頭で、ずっと好きだったお兄ちゃんと結婚できるという、幸せゲージマックス状態から始まり、徐々にダメージを与えられ、ゲージが減っていくという展開が待ち受けている。

イメージしやすいよう、お光のジェットコースターのような一日を、彼女の心情を想像しながら時系列を追ってみよう。わかりやすいよう時刻を付しているが、目安として考えていただきたい。

10時　奉公先から義兄・久松が帰ってきて、結婚するよう父から言われる（これは夢かしら）
14時　振袖の美女が登場（これが都会の美人なのね。しかも正面切って責められない天然キャラだなんてずるい）
15時　久松とお染のやりとりを立ち聞き（このままでは心中する気だわ。なんとかして二人を止めなきゃ）
15時30分　自分は身を引いて尼になることを決意（誰にも迷惑をかけないためにはこうするしかない）
16時　久松とお染を見送る（さようなら、私の最初で最後の恋）

改めてタイムラインにしてみると、重いイベントが満載でパニックを起こしそうだ。ごく普通に生活してきた少女が、花嫁ではなく、まさか尼になるなどという結末は誰も予想できないだろう。

もし久松が奉公先でお染にほだされなければ、野崎村に帰ってきてお光と結婚し、家族もできて、慎ましくも幸せな暮らしが待っていたに違いない。それなのになぜ、久松はお染に惹かれてしまったのか。お光とお染の決定的な違いは何なのか。

まずはお光贔屓の代表として、その魅力に迫ってみる。先ほどの女子部員の話で明らかなように、お光には女性を味方につける愛嬌がある。歌舞伎において「田舎の娘」を象徴する萌葱色の着物を短めに着て、家事全般をチャキチャキとこなし、いつも陽気で明るい。女性はこういった、外見より内面、純粋で一途な女の子を応援する傾向がある。

それに比べて、ライバルのお染はどうか。都会の大店《おおだな》の娘らしく、洗練されたファッション、お供のおよしにも「立てば芍薬坐れば牡丹、歩く姿は百合の花」と称されるような出立ち。赤姫とまではいかないが、お嬢様特有の、おっとりとした、何をしても許されてここまで育ってきたことが窺える。

お光は女子を味方につけ、お染は男性を虜にすることは明白だ。実際、男性に同じ議論をふると、「そりゃ男はお染を選ぶでしょ」と当たり前のように言われたことが何度あったかしれない。結局「お光さんは一人でも生きていけると思うけど、お染さんは僕がいなくてはダメなんだ」ということなのだろう。か弱くて、一人では何もできない美人が最強という男性の通説は変わらず、江戸時代から進歩がないようだ。

## 自分が主役だと思っていたらサブキャラだった件

さらに悲しいことに、この『野崎村』の段は、『新版歌祭文』のほんの一部分に過ぎず、なんなら本編ではないスピンオフ的な扱いなのである。元々の「お染久松物」と分類される二人の物語は、「大店の娘と丁稚の身分違いの恋」がテーマである。主従関係である二人の恋は許されないが、実は久松が元武士であり、お家の重宝を取り戻せば万事うまくいく。しかし多くの邪魔が入って最終的には心中するしかなくなる、というフォーマットがあるのだ。

つまり、あらかじめ主役のカップルはこの二人であるということに議論の余地はなく、『野崎村』はお光という素朴な女の子目線でみたらどうなる?といった、番外編の扱いなのだ。どんなウルトラCを使っても、このお染久松にお光が割り込む隙などどない。

世間に多大なる影響を与えた「お染久松」の物語は、大店のお嬢様と使用人という主従関係の身分違いの恋がテーマであるが、『野崎村』では、お光とお染の身分の違いによる明暗をクッキリとみせる結果になっている。おそらく村という狭い世界で生きてきたお光は、見た目も所作も喋り方も洗練されているお染に対する劣等感に苛まれ、身を引く決意をすんなり固めたのだろう。本来ならば、久松も田舎グループに含まれたはずだ。しかし、ひょっとすると武士に戻れるかもしれないという久松、都会に染まって帰ってきた久松は、結局自分と血筋が違うのだと、お光は思い知らされる。

現代では、恋愛相手と多少の格差を感じることはあっても、身分制度によって恋愛ができないということはない。たとえ失恋したとしても、髪をバッサリと切って、さぁ次の恋をしよう！という前向きな気持ちが芽生えれば、セカンドチャンスはある。生まれたところが不満なら引っ越せばいいし、いつでも新しい自分になれる。

しかしお光の失恋は、今生最後の恋だった。気持ちを振り切るためのヘアカットではなく、俗世界との縁切りを意味する剃髪をしてしまったのだ。それはなぜか。

彼女にとっては、村の暮らしが全てであり、その中で唯一の希望が久松だったのだろう。心の中では、久松を奪われても、以前の生活に戻るだけと言い聞かせたかもしれない。が、自分が育った村が、努力や心がけ次第で変わるような場所でないこと、この恋を超えるような出会いがないことを、お光が一番わかっていたのだと思う。

娘の幸せを一番に考え、強引に久松との結婚を決めたはずの父も、結局はお光を出家させるきっかけを作ってしまった。寝たきりで目が見えない母も、娘の花嫁姿を拝むことを生きる糧にしていたのに、尼となってはもう叶わない。

お光はいつの間にか、それぞれ惨めな思いをさせてしまった両親を見捨てる訳にもいかず、この小さな村で生きていかなければならないのだ。

一般的な少女漫画の設定では、明るく健気で「フツウの女の子」は、どんな苦難を強いられても、最終的には非の打ちどころがない美少女にはない魅力で恋愛の勝者になる。それなのに、お光だけにこんな仕打ちをするのは、歌舞伎作品の酷なところである。

唯一の救いは、歌舞伎では『新版歌祭文』の『野崎村』だけが単独上演されることだ。それはお光の支持者が多く、彼女を応援したいという老若男女が多いという表れである。久松のハートを射止めることはできなかったが、歌舞伎ファンの心はしっかりと掴み、時代を超えて愛されてきたのだ。

# 『桜姫東文章《さくらひめあずまぶんしょう》』桜姫《さくらひめ》

## ――「置かれた場所」で咲くお嬢様

作者　四世鶴屋南北
初演　〈歌舞伎〉文化十四年（一八一七）三月、江戸・河原崎座

## 『桜姫東文章』相関図

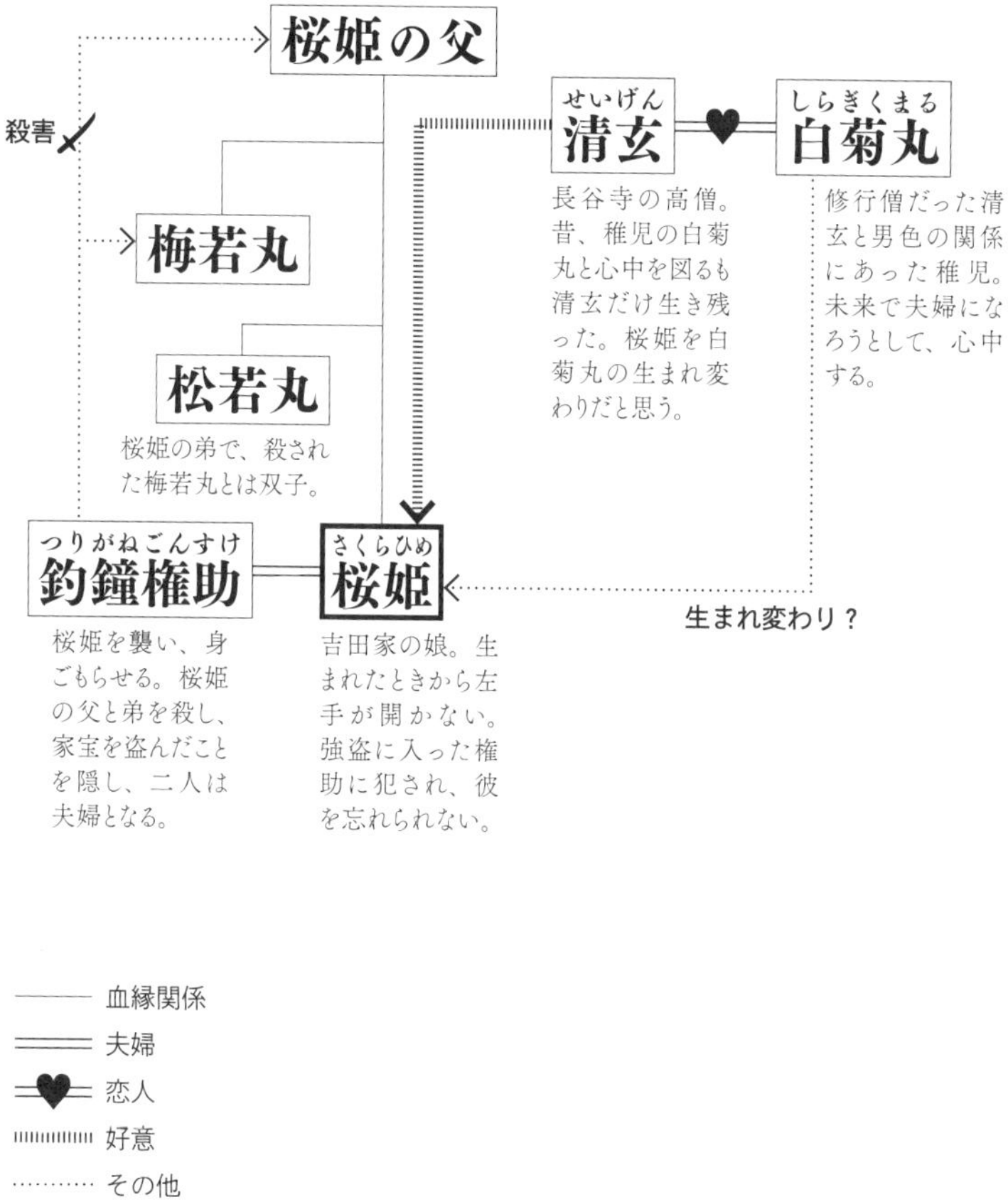

桜姫の父
殺害
梅若丸
松若丸
桜姫の弟で、殺された梅若丸とは双子。
清玄《せいげん》
長谷寺の高僧。昔、稚児の白菊丸と心中を図るも清玄だけ生き残った。桜姫を白菊丸の生まれ変わりだと思う。
白菊丸《しらぎくまる》
修行僧だった清玄と男色の関係にあった稚児。未来で夫婦になろうとして、心中する。
生まれ変わり？
釣鐘権助《つりがねごんすけ》
桜姫を襲い、身ごもらせる。桜姫の父と弟を殺し、家宝を盗んだことを隠し、二人は夫婦となる。
桜姫《さくらひめ》
吉田家の娘。生まれたときから左手が開かない。強盗に入った権助に犯され、彼を忘れられない。
血縁関係
夫婦
恋人
好意
その他

## お嬢様とパリピマッチョの歪んだ関係

歌舞伎にはとんでもない個性を放つ女性たちが登場するが、この人に勝る人物はいないだろう。名前は桜姫。日本で花といえば、桜。名前から想像するような淡く儚く美しいお姫様を想像しては痛い目にあう。桜姫は、文化・文政期に活躍した鬼才・四世鶴屋南北が生んだモンスター級のお姫様だ。

桜姫は、生まれは由緒正しい吉田家のお姫様で、正真正銘のプリンセスである。ただ一つ、生まれつき左手が開かないという奇病を抱えていた。時姫の段でも説明したように、昔は良家の子女は家のために結婚し、良縁に恵まれるかどうかで、その後の人生が決まってくる。桜姫は、手が開かないというだけで、まとまりそうだった結婚も破談になるという経験をしている。この世を儚んだ桜姫は、出家する覚悟を決めるのだった。

しかし、その人生プランもあれよあれよという間に崩れることになる。

実は彼女の人生は、出家を決める数日前の、ある夜に一変していた。あろうことか「夜這いされた男（権助）に惚れてしまい、かたときも忘れられなくなる」という、現代においては絶対に共感を呼ばないであろう展開が描かれているのだ。しかもその夜の営みで、桜姫は子を宿している。

抑圧されていた桜姫の性への関心が、無理やりこじあけられてしまったのか。もしかすると、数々の縁談を断られ、女性としての魅力が皆無だと思っていた姫を（形はどうであれ）強引に求めた権助は、白馬に乗った王子様に見えたのかもしれない。

姫にとって衝撃的な夜、闇にうっすらと浮かんだのは、男の腕の「桜に釣鐘」の彫り物。姫はその男に会いたい一心で、その白く細い腕に、同じ釣鐘のタトゥーを入れ、再会を待ち焦がれるのだった。

この設定で、もはや話から振り落とされてしまいそうな方も多いかもしれないが、実際の舞台を観ると、観客という部外者は桜姫がどんどん殻を破り、破滅への道をひた走る様子をこっそり楽しむことができる。権助はとんでもない輩《やから》だが、桜姫の秘めた美しさを引き出す二枚目俳優が演じると、倫理観を破壊され、ただうっとりと美男美女を眺めることしかできなくなってしまう。

もはや自分が現世で女としての喜びを知ることはない、そう思い、姫は出家することを決意したはずだった。しかし、よりによって髪を下ろす儀式を予定していた寺で、操を奪った男・権助との運命（?）の再会を果たす。そこで「出家するのやーめた!」と言い、寺という聖域で再び権助と契りを結んでしまうのだ。その秩序から外れた行為が露見し、桜姫は館を追い出され身分を失う。

生い立ちや境遇が違い過ぎる男女が、違う次元で苦労してきた悩みを共有し、一周まわって意気投合するというのはあるあるなのだろうか。

現代でいえば、今まで温室で育てられてきた世間知らずのお嬢様が、初めて出会うパリピマッチョ男の強引さに惹かれ、身を委ねてしまう状況を想像した。あるいは家を背負ったお姫様のような、籠の中の鳥のような生活とまでは言わずとも、「女の子だから」という理由で、あれはダメ、これをしては危ないと禁止事項ばかりの生活を強いられてきた少女たちとも重なる。個性を封じられた制服、大人の都合で変えられないブラック校則からも解放された途端、初めてのことを教えてくれる男性は新鮮かつ魅力的に見えるのかもしれない。

人間というのは赤ん坊の頃から、未知のものは触れて覚えるのが習性だし、成長しても危険か安全かは、経験して初めて実感することが多い。桜姫に限らず、刺激の強いものに吸い寄せられるのは生まれ持った性質なのだろう。本能のままに生きることを決意した桜姫の転落人生は、ここから始まる。

## 聖人か変態か、姫に纏り付く もう一人の人物

抑圧されていたことにも気付かなかった少女は全てを失い、はじめて囲いの外に出る。ちなみに寺でイケナイことをしていた権助は、そそくさとその場から逃げてしまったので、清玄という僧が桜姫のお相手だという濡れ衣を着せられる。

この男も曲者で、桜姫のことを、十七年前に死んだ稚児・白菊丸の生まれ変わりだと思い込んでいる。清玄と白菊丸は相愛（つまり男色）で、今生では結ばれないのなら、と稚児《ちご》が淵《ふち》から身投げしたのだが、自分は怖じ気づいて生き残ったのだ。

姫が十七歳だったこと、しかも身投げをした際に白菊丸の持っていた香箱が、桜姫の開かなかった左手から出てきたことで、彼女のことをかつて愛した少年だと信じて疑わない。自分が女犯の罪を被ることが、白菊丸への償いだと思い、清玄も全てを捨てて桜姫と共に館を出る。

はっきり言ってしまうと、私は清玄が生理的に苦手だ。稚児と深い関係になったことは時代の慣習からさておき、その責任も取らず、一緒に死のうという約束を踏みにじったことも、生き残って十七年間何事もなかったように過ごし、高僧の地位にまで上りつ

めていることも、腑に落ちない。そのくせ、突如現れた桜姫をかつて愛した稚児の生まれ変わりだと決めつけ、ストーカーのようにつけまわすのも異常だ。

だからこそ、清玄に「君は僕の愛した男の子の生まれ変わりなんだ」と言われても相手にしない桜姫の平常心、前世の因縁とやらに惑わされない「私は私だ」という姿勢は逞《たくま》しい。それにしても、パリピマッチョ権助に騙され、マイワールド系ストーカー清玄に追いかけられる桜姫はなんと気の毒なのだろうか……。

## 「置かれた場所で咲きなさい」の呪縛

清玄は金目当ての夫婦に毒殺されるが、その墓を掘りに男がやってくる。それが、墓掘りに身を転じた権助だった。桜姫は、自分から全てを奪った張本人であることも忘れ、性懲りもなく再び権助に吸い寄せられる。これはしめたとばかりに、権助は夫婦を強引に追い出し、歪《いびつ》な二人の新生活が始まるのだった。

しかし桜姫にとって、権助は世界を広げてくれた白馬の王子様だが、権助にとって桜姫は、もの珍しい女でしかない。大切にするどころか、金になると踏み、安女郎屋に売り飛ばしてしまう。それでもまだ権助がどういう男か気付かない桜姫は、もはや滑稽でさえある。

　しかしそのうちに、姫言葉と場末の女郎言葉をあべこべに使って客を取ることで人気者になるのだから、桜姫の生き抜く力に脱帽してしまう。

　もし桜姫が家を背負った立場でなかったら、この生活に甘んじて何も行動を起こさなかったかもしれない。人間というのは、堕ちるのは簡単で、その分這い上がるにはよほどの力が要るからだ。

　想像するに彼女のDNAレベルで刻み込まれている、家を守らなければという使命感が、女郎として生きながらもふつふつと蘇ってきたのだろう。桜姫の行動指針は、「吉田家の息女として何をすべきか」だった。

　実は権助の正体は「忍ぶの惣太」という、吉田家を破滅の道へと向かわせた張本人。権力者の手下となり、桜姫の父と弟の梅若丸を殺害し、吉田家の重宝の「都鳥の一巻」を奪った人物だったのだ。そのことを知った桜姫は、この極悪人を自らの手で成敗し、その血を継ぐ我が子をも亡きものにするのだった。

　今までのお姫様ができなかった、敷かれたレールから自ら進んで外れていき、己の力で悪を排除し、家を守った稀有なプリンセスである。彼女にかかっている呪いは、他作品のキャラクターのように、生まれながらに高貴な人には勝てないというものではなく、高い位であるがゆえに、血レベルで埋め込まれた「家のために役立て」という運命への呪いだ。結局この時代の女子たちは「置かれた場所で咲きなさい」と囁かれているようで、不憫でならないと思ってしまった。

余談だが、「高貴な姫が宿場女郎に身を落とす」という奇抜な設定には、モデルとなる事件があった。それは、品川の宿場女郎の琴という女性が、自分の本来の姿は日野大納言の息女・右衛門姫《えもんひめ》であると主張したことだ。この噂は瞬く間に江戸に広まり、ついに奉行所で取り調べられることになったという。しかし、日野家に確認をしたところ、そのような事実はないとの返答があり、琴は追放の刑に処せられた。

なぜ彼女がそんな虚言を吐いたのかは明らかになっていないが、人間の変わりたい願望の強さを実感する出来事であり、置かれた場所から抜け出したくても抜け出せない、女郎の嘆きが聞こえてくるような逸話である。

現代において、身分を詐称することは法に触れるが、違う自分になりきることは案外簡単かもしれない。バーチャルの世界では、アイコンとプロフィールがあれば、新しい人格を生み出せる。インターネット上で理想の人格を作ることも、裏アカウントで別人格を作ることも、アバターを使って表現活動をすることも、知識さえあれば誰でもできるだろう。

もし琴が現代に生まれていたら……他人に迷惑をかけない程度に嘘を上手について、人に夢を与えられる存在になっていたかもしれない。対して桜姫はどうだろう。彼女は、それほど器用な女性ではない。滲み出る生まれと育ちの良さに加えて、件のＤＮＡによって、いくら俗世界に堕ちようと、軌道修正させられる運命なのだ。

桜姫は、自分が高貴な家柄に生まれたことを呪っているだろうか、それとも誇りに思っているだろうか。どちらにせよ、堕ちる、這い上がるという表現ではなく、低いところから高いところへ、高いところから低いところへ、しなやかに行き来できた女性だったことが窺える。

身分の色分けがはっきりした時代において、置かれたただ一つの場所だけではなく、あらゆる場所に根を張り咲き誇った桜姫。誰にも真似できない生涯を全うしたのだから、その人生に悔いはないだろう。

# 『三人吉三《さんにんきちさ》』おとせ
## ――不幸の「因果」を受け入れる

本名題　『三人吉三廓初買《さんにんきちさくるわのはつかい》』『三人吉三巴白浪《さんにんきちさともえのしらなみ》』
作者　河竹黙阿弥
初演　〈歌舞伎〉安政七年（一八六〇）一月、江戸・市村座

## 『三人吉三』相関図

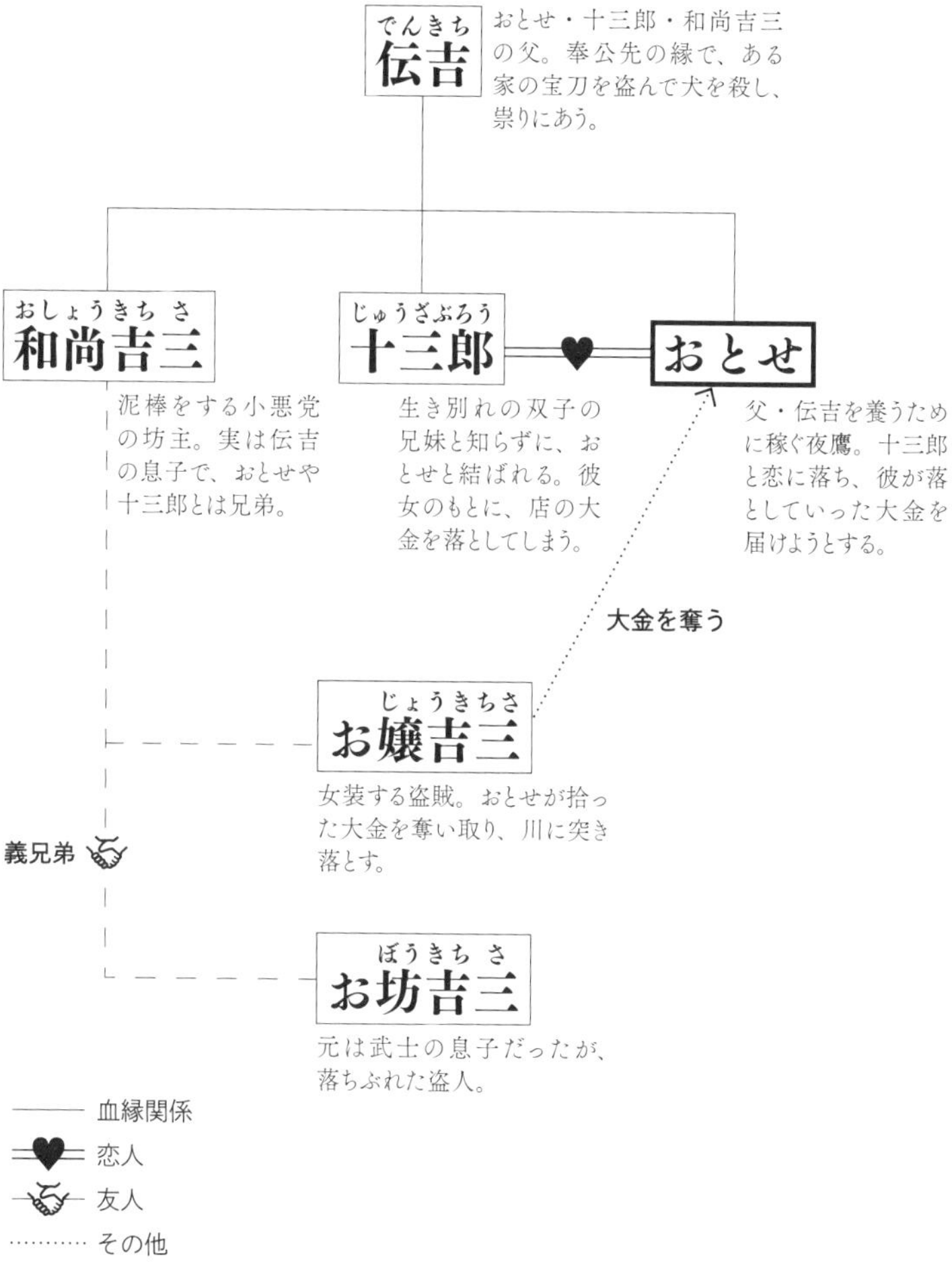
伝吉《でんきち》
おとせ・十三郎・和尚吉三の父。奉公先の縁で、ある家の宝刀を盗んで犬を殺し、祟りにあう。
和尚吉三《おしょうきちさ》
泥棒をする小悪党の坊主。実は伝吉の息子で、おとせや十三郎とは兄弟。
十三郎《じゅうざぶろう》
生き別れの双子の兄妹と知らずに、おとせと結ばれる。彼女のもとに、店の大金を落としてしまう。
おとせ
父・伝吉を養うために稼ぐ夜鷹。十三郎と恋に落ち、彼が落としていった大金を届けようとする。
大金を奪う
お嬢吉三《じょうきちさ》
女装する盗賊。おとせが拾った大金を奪い取り、川に突き落とす。
義兄弟
お坊吉三《ぼうきちさ》
元は武士の息子だったが、落ちぶれた盗人。
血縁関係
恋人
友人
その他

## 闇に包まれた女を囲む「枠」の正体

『三人吉三』は、同じ吉三郎という名前を持つ男三人の物語だ。彼らの生業は盗賊。絶望に向かってひた走るアウトローたちである。道を踏み外したきっかけと異名は三者三様で、一人は五歳のときに誘拐され、男であるが女として育てられた女装の盗賊「お嬢吉三」。もう一人は武士の息子だが家が没落したため浪人となり、盗人に落ちぶれた「お坊吉三」。一番年上のリーダー格なのが、出家して和尚になるが、素行の悪さに寺を追い出され、盗みを重ねる小悪党「和尚吉三」である。

泥棒は良くないと教えるのが一般的な道徳だが、悪事を働かないと生き抜けない社会の実態、人間の弱さなどを緻密に描くのが、河竹默阿弥の作品である。

『三人吉三』の中でも上演回数が多いのが、個性的な三人が出会い、意気投合し、義兄弟の契りを結ぶまでを描いた「大川端《おおかわばた》庚申塚《こうしんづか》の場」だ。それぞれの生い立ちや心情を織り交ぜた台詞や、音楽の美しさ、様式美が眼目とされ、ちょうど良い距離で江戸情緒を味わえる一場として人気が高い。三人のワルが引き寄せられるように出会い、「俺たちの旅はここから始まる」というテロップが出そうな予告めいた一幕でもあり、その後に待ち受ける悲劇の匂いは抑えられている。

だが一人、負のオーラが隠しきれない、唯一の女性がこの場面で登場する。名前はおとせ。十九歳。花道からとぼとぼ出てきたかと思えば、良家のご令嬢に化けたお嬢吉三に大金を強奪され、川へ転落。あっという間に舞台から消えてしまう人物だ。

このとき、おとせがなぜ大金を所持していたか、若い乙女がなぜ夜道をうろついていたかには深い訳があるのだが、そのエピソードには全く触れられない。なぜなら観客の大半は「お嬢吉三が、おとせに道案内されるふりをして近づき、突然男の本性を現す」という二面性の演技と、続く「月も朧に白魚の」から始まる名台詞を目当てに来ているからだ。

おとせの登場シーンは、ほんの五分程度ということもあり、七五調に酔うことだけが目的の観客には忘れられてしまうような存在になり下がっているのは口惜しい。おとせが脇役に徹しているのは興行的な都合なのであって、通し上演ではかなり細やかに描かれている。その劇的な人生を知れば、誰もが驚愕するはずだ。

しかし、おとせという人物は謎が多い。彼女自身が発する闇なのか、彼女を取り巻く闇なのか、何か「枠」のようなものが邪魔をして、心情が掴めそうで掴めないのだ。そして彼女を取り囲む枠は、この章で扱ってきた「生まれながらに決められた身分という枠」だけでは説明できないような、より複雑なものがあるような気がしてならない。その枠とは何か、彼女はなぜその枠を出ようとしなかったのか、迫ってみたい。

## 不幸の詰め合わせを引き当ててしまったら

おとせは簡潔に言うと、不幸で不運な女性だ。主役の三人もなかなか不遇な生い立ちがあるのだが、彼らはそれをきっかけに、ちゃんと（？）グレている。ところがおとせは真っ向から、その不幸を受け入れている。それが彼らと違うところだ。

不幸設定の具体例を挙げると、まずおとせは夜鷹《よたか》である。夜鷹というのは、茣蓙《ござ》一枚あればどこでもサービスを開始できる、いわばフリーの遊女で、店を持たずに道端で客をとることからそう呼ばれる。賃金は安く、そば一杯ほどの値段で性サービスを提供するので、客の質も良いとは言えない。職業に貴賤はないとはいえ、未来ある若い女性が気軽に選ぶ職業ではないことは明白だ。娘に売春業をさせる親がどこにいるんだ、そんな親の元など逃げ出してしまえと思うが、おとせは父・伝吉を養うため、すすんでこの道を選んでいる。なぜかおとせは父に対して恨み言を言わず、淡々と夜鷹として客をとり、伝吉と普通の父娘関係を成立させているから不思議だ。

ちなみに、和尚吉三はおとせの兄である。兄が不良の道に進んでしまったため、おとせは真っ当に生きて、家族を支えなければと思ったのだろうか。

さらに不幸展開は進む。おとせはある夜、同じ年の男と出会い、互いに惹かれ合う。しかし、この十三郎という男が、大金を置き忘れたまま、行方がわからなくなるので、おとせは届けようと夜道を捜す。ここで、あのお嬢吉三に出くわすというストーリーに繋がるのだ。

十三郎とおとせは、まさに「目と目が合った瞬間に電流が走った」とでも言うような、劇的な出会いを果たした。おとせは、これまで男にどんな仕打ちをされてきたかわからないが、そんな過去をも消し去るような、初めて訪れる幸せな恋愛の予感を期待したに違いない。二人の強力な縁によって、すぐに再会を果たし、おとせと十三郎は結ばれる。しかしこの二人、実は生き別れの双子の兄妹だったのだ。つまり近親相姦ということになる。

なんだこの不幸の詰め合わせボックスのような人生は。夜鷹小屋で毎日懸命に働くが、生活は変わらない。大金を手にしても、ちゃんと持ち主に届けようという誠実さがあるのに、途中、道を聞いてきた強盗（お嬢吉三）に危うく殺されかける。さらに、最悪な人生の中でも希望の光にみえた運命の相手は実の兄、というオチは酷すぎる。

おとせが一体何をしたのかといえば、何も悪いことはしていない。ただ、「因果の理」に巻き込まれただけなのだ。おとせは、遊女稼業から、家族から、貧困から、そういった枠から抜け出せないとも言えるが、実は「因果」という、想像を超えた枠にはまってしまったのだ。

## 「因果」は苦しみなのか、解放なのか

現代で因果と聞けば「因果応報」という言葉がピンとくるだろう。原因があって結果がある、何か良いこと悪いことをすれば、必ずそれが自分に返ってくる。お天道さまはみているよ的な倫理観に近い。しかし江戸時代の、仏教思想の濃い因果応報は、どちらかといえば「前世の行いで既に決まっている運命」という意味合いが強い。現世で幸せになれないのは、前世で悪行を犯したから。つまり、今生きている自分にはどうすることもできない。だから受け入れるしかないという思想だ。

特に河竹默阿弥という作者は、因果によって、登場人物を不幸にすることが多々あっ

た。しかも自分の前世の行いではなく、父親が犯した罪業《ざいごう》によって自分の運命まで狂わされているのがおとせだ。

伝吉はかつて奉公していた縁で、ある家から大事な刀を盗むというミッションを遂行する。そのとき、吠えつく犬を殺したため、犬の祟りが伝吉に降りかかる……まもなく伝吉の妻は犬のぶちのような斑点が体中にでき、狂い死にをする。しかも以前に双子が生まれていたが、当時双子は忌むべきもので、女の子はいずれ金になる（実際、性を使って稼がせている）と育てることにし、男の子は捨てられた。この二人が、恋に落ちて犬畜生に成り果てる。それもこれも、犬の祟りで決まっていた結末だったのだ。

「努力は必ず報われる」とか「人に優しくすればその分自分に返ってくる」という格言は、報われた人、返ってきた人が実感する言葉だ。おとせは、もしかすると「努力は報われない」ことを人一倍味わってきたから、もう今生は消化試合で、この環境に生まれたことを受け入れ、もがくことなく、受け入れて生きよう、そう思ったのではないだろうか。

おそらく先ほどの不幸話などほんの一例に過ぎず、何をしても、どんな努力をしても同じ位置に戻されてしまう。この状況から抜け出そうとすればするほど、また不幸な生活に戻される。そんな体験を嫌というほど味わったに違いない。

それを感じさせるのが、お嬢吉三が正体を明かす前、良家のお嬢様としておとせと会話するシーンだ。

お嬢「あれえ〜。いま向こうの家の棟を光りものがとおりましたわいな」
おとせ「そりゃ、おおかた人魂でございましょう」
お嬢「あれえ〜」
おとせ「なんの怖いことがございましょう。夜商売をいたしますれば、人魂なぞはたびたびゆえ、怖いことはございませぬ。ただ世の中に怖いのは……人が怖うございます」

「人が怖い」という直接の理由は作中では語られないが、彼女がどんな生涯を送ってきたのか、わかる気がした。因果の理を受け入れようとも、無敵になれる訳がない。夜道の暗さも幽霊も人魂も怖くはないが、理不尽な客や、世間の冷たい視線に慣れることはなく、「人が怖い」という彼女の生活を想像するとゾッとしてしまう。

そんなおとせが見つけた唯一の希望である十三郎さえも、最後の大きな落とし穴への入口かのようにみえる。しかし彼女は、兄・和尚吉三の計らいによって、畜生道に落ちたことは知らされず、十三郎と純粋に愛し合った状態で共に死んでいく。

死んでしまったら意味がないではないか、と共感できない人は多いと思うが、おとせは現世というターンを真っ直ぐに生き抜いたことで、来世ではリセットされた幸せな人生をスタートできた、枠から出ることができたのでは、と思いたい。そうでなければ救われない。

この『三人吉三』が上演された頃は、天災が多かった。自分は何も悪いことをしていないのに、大事な人の命を奪われる。一生懸命働いているのに、暮らしは悪くなる。原因は自分にないはずなのに……理不尽な仕打ちを受けたとき、自分を責めずにやり過ごすのが「因果」という言葉なのかもしれない。

現代も、天災をはじめ、人間ではコントロールできない大きなエネルギー、それも負のエネルギーが蠢《うごめ》いている。おとせの生きた時代は、迷信めいた風習、凝り固まった教えに人々は従うしかなかったが、現代において、自分がうまくいかないことを、前世や先祖のせいにしても何も始まらない。私たちは、来世に持ちこさなくても、いつでも生まれ変わることができる世に生きている……おとせの壮絶な生き方が、私たちにそう教えてくれるような気がした。

## コラム「〇〇な女」②

# 「気付かない女」お里《さと》—『義経千本桜』

### 身分も妻子もあるなら先に言ってよ

「お里ちゃん」と、親しみを持って呼びたくなるこの女の子。歌舞伎お得意の、身分違いの恋に嘆く少女の一人である。『義経千本桜』という大作の、少々地味な場面「すし屋」に出てくる脇役なのだが、彼女の失恋シーンのインパクトは群を抜いている。

父親が突然連れてきたお婿さん候補は、シャイなのが玉に瑕《きず》だが、イケメンで品の良い好青年。思い切って自分からベッドに誘うも、つれない。ふて寝をしていると、衝撃のカミングアウトが待っていた。

彼の正体は、鮓屋の住み込みバイト君ではなく、平家の残党・平維盛《たいらのこれもり》様。しかも妻子あり。なぜか振られた直後、タイミングよく奥さんと子どもがやってきて、家族で涙の再会まで始まってしまう。「何よ、はしゃいでいた私が馬鹿みたいじゃない。騙された！ 慰謝料よこせ！」と言えないのが、庶民の常。お里は親子を上座に座らせ、自分は手をついて「雲井に近き御方へ、鮓屋の娘が惚れられりょうか」と言い、維盛親子の脱出計画を補助する下々の人間となる。あんまりだ。

「お里ちゃんはその後、運命の出会いをして一生幸せに暮らしました」という、「すし屋」スピンオフ版を妄想して、気を紛らわせるしかない。

# 三章　「私は囲われている身だから」――ままならなくて

# 『籠釣瓶花街酔醒《かごつるべさとのえいざめ》』八ツ橋《やつはし》

## ——純粋な少女が花魁《おいらん》になったら

作者　三代目河竹新七
初演　〈歌舞伎〉明治二十一年（一八八八）五月、東京・千歳座

『籠釣瓶花街酔醒』相関図

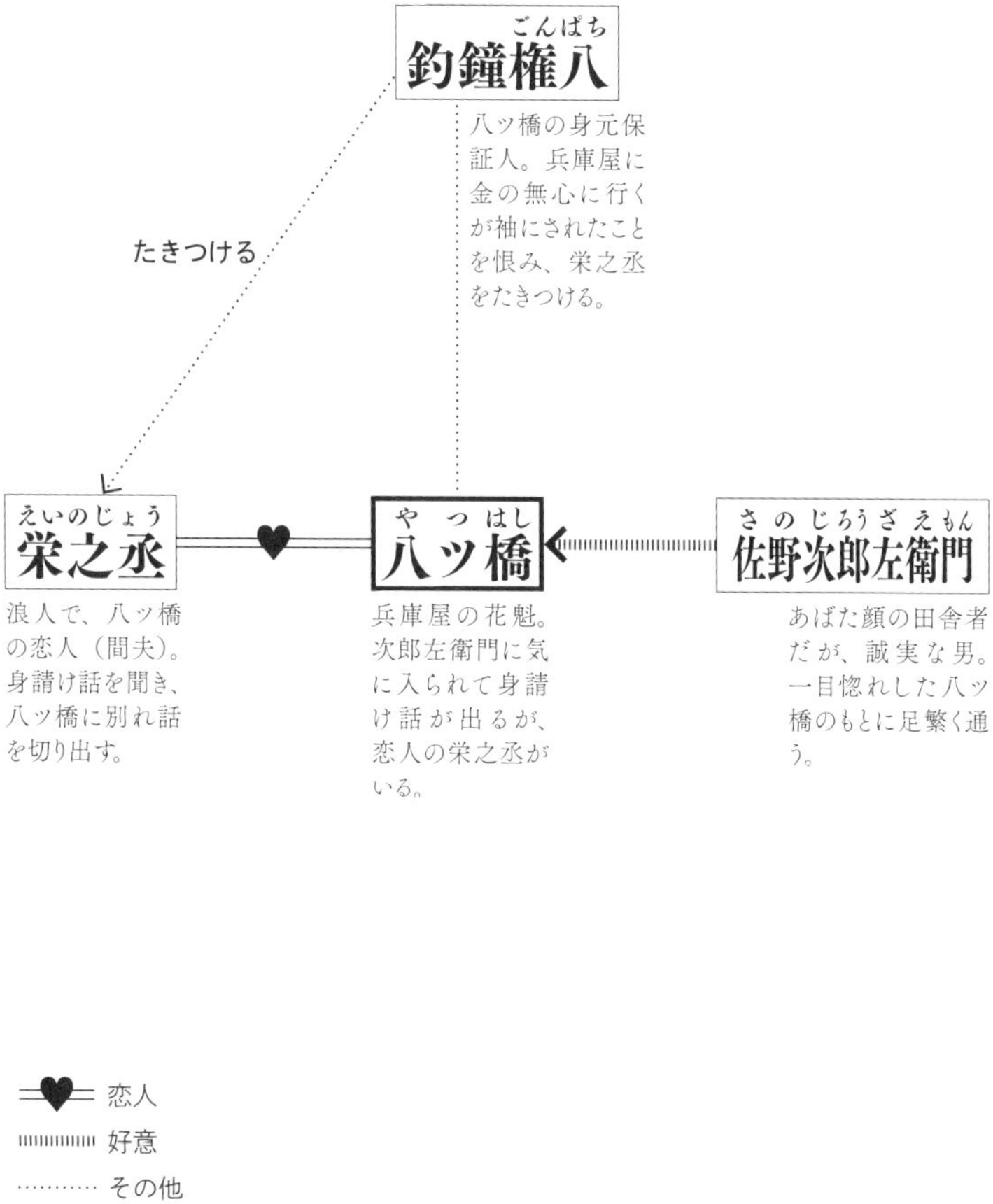
釣鐘権八《ごんぱち》
八ツ橋の身元保証人。兵庫屋に金の無心に行くが袖にされたことを恨み、栄之丞をたきつける。
たきつける
栄之丞《えいのじょう》
浪人で、八ツ橋の恋人（間夫）。身請け話を聞き、八ツ橋に別れ話を切り出す。
八ツ橋《やつはし》
兵庫屋の花魁。次郎左衛門に気に入られて身請け話が出るが、恋人の栄之丞がいる。
佐野次郎左衛門《さのじろうざえもん》
あばた顔の田舎者だが、誠実な男。一目惚れした八ツ橋のもとに足繁く通う。
恋人
好意
その他

## 武装を解いた花魁の素顔

歌舞伎の物語を現代に置き換えて説明するときに、いつも困る職業がある。それが遊女だ。おそらく「娼婦」だとか「水商売の女性」と説明するのが一般的であり、イメージを伝えるにはそれが的確と言える。しかし江戸時代の遊女とは、「支払った金額に見合ったサービスをする」という単純な存在ではない。

遊女は光と闇をたたえている。まず彼女たちは、書、和歌、誹諧、漢詩、全てにおいて一流の腕を持っており、三味線や琴を演奏し、歌や踊りに秀で、茶の湯、生け花、香、あらゆる年中行事に至るまで、およそ日本文化の全てに精通した女性だ。伽羅《きゃら》という香木を髪や着物にたきしめ、豪華な打ち掛けを纏った姿は庶民の憧れの的だった。これが光の部分であり、外側から見た遊女のイメージだ。

闇の部分は、置かれている立場である。その身を家族の作った借金のかたにされており、多くの男性と床を共にしないと年季が明けない、自由を奪われた存在だ。その上、健康を維持する満足な食生活は得られなかったし、梅毒などの病気と常に隣り合わせであり、廓のレベルによっては酷い扱いを受けた女性もいる。

現代人が想像する遊女像とは、先の説明でいう「光」の側面に由来し、おそらく歌舞伎の女方によって華々しく演じられる女性たちの影響が大きいだろう。歌舞伎も廓も、作られた世界でひとときの夢を見るための場所である。きらびやかな世界も、ひとたび幕を下ろせばそこは現実。舞台の裏側を見せないのと同じように、廓の暗い内情を隠すのも至極当然だ。

しかし女性の視点に寄り添ってみる、というのが本書の試みである。敢えて、その隠された内側に切り込み、絢爛《けんらん》豪華な衣裳を纏わない、歌舞伎の中の遊女像に迫ってみたい。

江戸幕府公認の廓として、その規模も質も圧倒的だったのが江戸・吉原である。その吉原を舞台にした作品に登場する遊女といえば『籠釣瓶花街酔醒』の八ツ橋だ。彼女は、佐野次郎左衛門という田舎男に気に入られ、身請けの話がまとまりかけるも断ってしまい、後日「籠釣瓶」という妖刀で殺されてしまう。「仕事と割り切る花魁と、本気で恋した客の気持ちの差が引き金となった殺人事件」という説明では足りないし、「遊女に騙された不幸な男の話」とか「妖刀に取り憑かれた男による殺人事件」として括るのも、何か違う気がする。背景には複雑な事情があったし、何よりヒロイン・八ツ橋は悪女ではないからだ。

八ツ橋は、遊女の中でも花魁という最高峰の格の遊女で、皆の憧れの存在である。次郎左衛門を虜にした花魁道中での堂々とした出立ちも、自信の表れだろう。しかし、ひとたび花魁の仮面を外すと、どこか不安定さが垣間見える。客を落とすテクニックはあるものの、本当に好きな人の前では、失うことが怖くて自分の意見を通せない。そういった弱さをうまく描いている。

主人公の佐野次郎左衛門は、あばた顔で一見さえないが、人柄の良い男。フランクに言えば、外見はイマイチだが真面目で堅実な良い人。仕事のついでにふらりと寄った江戸で、花魁道中に出会い、八ツ橋に微笑みかけられたことで一目惚れしてしまう。八ツ橋にとっては単なる仕事の一環であり、条件反射のようなものかもしれないが、次郎左衛門にとっては、人生を変える一秒だった。

## 花魁のか細い肩にのしかかる重い打掛とプレッシャー

廓は、お金と最低限のマナーがあれば疑似恋愛ができる場所。次郎左衛門は自分の容姿がパッとしないことも、江戸っ子のような粋がないことも重々承知だった。しかし、地道に稼いだ金はある。疑似とはいえ恋愛をすること、つまり八ツ橋の時間を買う資格があるのだ。

　八ツ橋もそれに応え、お金を支払ってくれるマナーの良いお客様には、プロとしておもてなしをする。次郎左衛門のことも、恋愛対象ではないものの、どこか落ち着く良い客だと認めている。このまま二人がほど良い距離を保てば、不幸は起きなかったのだが、そうはいかない。次郎左衛門が八ツ橋を身請けしようとしたこと、それにより間夫《まぶ》・栄之丞の存在が明るみに出たことで、この関係性は崩れていく。

　廓勤めをする遊女の恋人は、間夫と呼ばれた。お金を払わず、廓のオーナーに内緒で会う男で、店にとっては迷惑な存在だ。仕事は疎かになるし、ひょっとして心中でもされたらと思うと気が気でない。相手がお金持ちなら、前借金を支払ってもらいハッピーエンドとなるが、そんな都合の良い話は滅多にあることではない。結局、全てはお金なのだ。

　ここで再び遊郭のシステムの話に戻るが、遊女が廓に売られてくるのは、先に説明したように家族の作った借金のためだった。例えば、先祖代々守ってきた土地を手放さなければいけない、家がお取り潰しとなり家族が路頭に迷ってしまうといった、家の一大事で大きなお金が必要になる。そんなとき、いたいけな娘を差し出し、抱え主から前借金をするという仕組みだ。現代だったら信用でお金は借りられるし、選ばなければ仕事はあるのだから、皆で頑張って返済していこうと団結できるだろう。それが家族というものだ。しかし当時、大きなお金を手に入れるには、娘を売るしか選択肢がなかった。

もし女性として生まれ、大きなお金が必要になったとき、一家離散か、自分が遊女として働くことしか方法がなかったとしたらどうするか。多くの女性がそんな決断を迫られたに違いない。八ツ橋の家族の誰がどうなって、遊女になったか詳細はわからないが、やむを得ない事情があったのだろう。現代でいえば「私が進学を諦めて就職する」くらいの感覚であったのかもしれないが、選ばれるのは女性のみで、その就職口というのは色を売る遊郭というのを想像するのはハードである。

しかも作中では、八ツ橋の親は既に亡くなっており、釣鐘権八という、その昔八ツ橋の父親に仕えていたという男が保証人になっている。とにかく金にうるさく、花魁を利用して廓から金をせしめることしか考えていない。八ツ橋の身代はこの男に握られており、権八のせいで八ツ橋の運命は変わってしまう。次郎左衛門の身請け話がまとまりそうなことを間夫の栄之丞に吹き込み、「八ツ橋は不人情な女だ」とけしかける。栄之丞は、自分に相談もなしに身請けを承諾するはずがないと、はじめは取り合わない。なぜなら、二人は素人のときからの仲で、勤めに出ても変わらないと約束を交わしていたからだ。

しかし権八の話が真実味を帯びてくるので、「遊女になって変わってしまったのかもしれない」と焦りも出てくる。とうとう八ツ橋の元へ行き「身請けを断れないなら明日から赤の他人だ」と言い放つのだった。

## 「私しゃつくづく嫌になりんした」の真意

八ツ橋は「店や世話になっている佐野さんのことを考えてしまい、身請け話をキッパリと断っていなかったのは真実だが、一番大事なのは栄之丞だ」と伝えるものの、次郎左衛門に愛想づかしをするまでは信じてもらえそうにない。廓にやって来る客は手玉に取る花魁八ツ橋だが、素に戻って一人の女性になると、途端に萎縮してしまう。彼女の弱点は、本当に好きな人には強気になれないところである。陰から栄之丞が監視する中、八ツ橋は次郎左衛門の心をズタズタに傷つける言葉を次々と繰り出していく。自分の気持ちと裏腹なことを公衆の面前で並べるうちに、八ツ橋はイライラしているようにも見える。身請けをはっきりと断り、もう客としても来てくれるなと止《とど》めをさし、最後に八ツ橋は、「私しゃつくづく嫌になりんした」と言葉を振り絞る。

そう、何もかも嫌になってしまったのだ。自由にならないこの身も、金づるにされる立場も、両想いなのに幸せになれない恋人関係も、自分のことを「商品」として見る廓の人々も、よくしてくれた人を傷つけている自分自身も、全てひっくるめて「この遊女稼業が嫌になった」と私には聞こえた。この場を後にし、戸を閉めた後の八ツ橋の表情、涙を堪える後ろ姿が全てを物語っているだろう。

しかし次郎左衛門は、そんな八ツ橋の思いなど知る由もない。先日まで、あんなに優しくしてくれた女性がなぜ……田舎のしがない百姓が、吉原一の人気花魁と良い仲になっていることを見せつけようと、友人たちも招いた席で、恥をかかされたことも解せない。失意が、いつの間にか殺意に変わってしまう。

四カ月後、次郎左衛門は、憑き物がおちたようにスッキリとした面持ちで、廓を訪れる。店の者たちにも歓迎され、罪の意識からずっとモヤモヤしていた八ツ橋も、次郎左衛門の晴れ晴れとした顔を見てホッとしてしまう。気にせず二人きりになったところで、「籠釣瓶」で無惨に斬られてしまうのだ。

現代においても、男性が激昂して女性を殺めてしまう痛ましい事件がニュースで報道される。その中には、サービス上愛想よくされていたことを本気にし、プライベートな女性の顔になった途端、軽くあしらわれる、もしくは人格を否定されるような振られ方をする、そのギャップに耐えられなくて事件が起きるということがままある。八ツ橋は次郎左衛門の人間性を見通せていなかったし、次郎左衛門は現実を知らなさ過ぎたという部分はあるが、それだけで片付けられる事件ではない。

本来心の優しい純粋な少女であっただろう八ツ橋が、遊女という非常に孤独で危うい職業に就いたことが全ての原因だ。家族のために自分の人生を捧げる遊女という制度が彼女を変えてしまい、命の危険にまでさらしてしまった。男と女、それぞれの弱みと、籠釣瓶という妖刀によって八ツ橋の命は奪われてしまったのだ。

廓には、春になると満開の美しい桜が咲き誇り、それは美しい景色だったという。しかしその桜は、自生している天然のものではない。時期になると、満開の桜をどこかから運んできて、さも自信ありげに咲き誇っているのだ。それは遊女の生き方にも重なる。誰かの思惑によって、自然の形ではなく無理やり植えられた、決して自然の姿ではない景色、それが吉原なのだ。八ツ橋の美しさが輝く場所が、もっと他の場所であったら……舞台上で美しく散りゆく八ツ橋を見ると、そう思わずにはいられない。

# 『曽根崎心中《そねざきしんじゅう》』お初《はつ》

## ――愛を阻む金銭問題と世間体

作者　近松門左衛門

初演　〈人形浄瑠璃〉元禄十六年（一七〇三）五月、大坂・竹本座
〈歌舞伎〉享保四年（一七一九）四月、江戸・中村座

## 『曽根崎心中』相関図

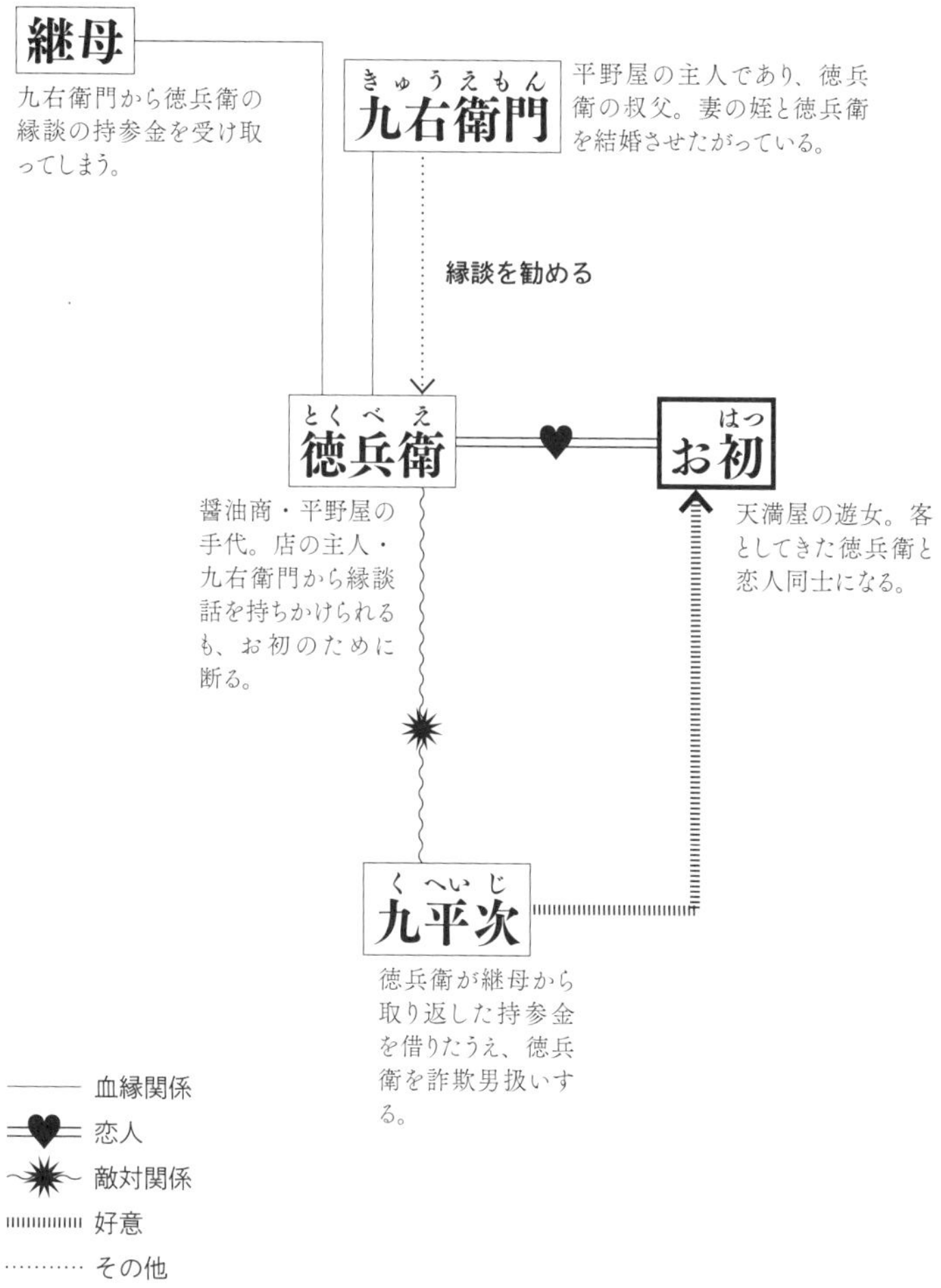
継母
九右衛門から徳兵衛の縁談の持参金を受け取ってしまう。
九右衛門《きゅうえもん》
平野屋の主人であり、徳兵衛の叔父。妻の姪と徳兵衛を結婚させたがっている。
縁談を勧める
徳兵衛《とくべえ》
醤油商・平野屋の手代。店の主人・九右衛門から縁談話を持ちかけられるも、お初のために断る。
お初《はつ》
天満屋の遊女。客としてきた徳兵衛と恋人同士になる。
九平次《くへいじ》
徳兵衛が継母から取り返した持参金を借りたうえ、徳兵衛を詐欺男扱いする。
血縁関係
恋人
敵対関係
好意
その他

## 若者を○○に駆り立てた問題作

名作というのは、時代を超えても尚、人々の心に訴えかけるパワーを持っている。『曽根崎心中』は、まさにそんな作品の一つだ。作者の「近松門左衛門」という名前は、歌舞伎を知らない人でも聞いたことがあるかもしれない。私も歌舞伎に出会う前、確か受験勉強のときに、この画数の多い名前を覚えさせられた記憶があるので、日本の歴史を学ぶ上でも、知っておかなければいけない人物なのだろう。セットで覚えたのは、『曽根崎心中』の大ヒット」だった。

本作は近松が五十一歳で執筆した初の世話物で、元禄十六年（一七〇三）四月七日早朝、曽根崎村の天神の森で若いカップルが情死した事件を、わずか一カ月で芝居にしたという。その即時性は瓦版的な役割も果たし、芝居は大当たり。赤字経営に苦しんでいた、人形浄瑠璃の劇場である竹本座を一気に黒字化させた。

このように、良くも悪くも一番影響力を発揮したのが『曽根崎心中』である。なぜ大ヒットが「悪くも」なのかといえば、若者をある衝動に駆り立ててしまったからだ。

今でも、ドラマや映画の内容に感化されて、一般人が作中のカップルを真似するということは多々ある。作中で使われたペアリングに予約が殺到するとか、ロケに使われていた場所を〝聖地巡礼〟するのも、このカップルにあやかりたい、という表れだ。この、物語が現実世界に影響を及ぼすという現象が、まさに江戸時代も起こっていた。だが、小道具が売れる、ロケ地が賑わうという可愛いものではない。

お察しの良い方はタイトルからお気付きだろうが、作品がヒットしてから心中事件が増加したのだ。その勢いや凄まじいもので、およそ十年後、幕府から心中禁止令が出たほどである。

作中で意図的に強いメッセージを繰り返し、若者を扇動するといった、カルト的な現象ではもちろんない。単純に、主人公たちが選んだ心中という結末が、当時の世相に合致しており、悩めるカップルの背中を押してしまったのだ。この世では結ばれないと絶望していた恋人たちが『曽根崎心中』を観て、勝手に自分たちを投影してしまったのだろう。結果的に多くの命を奪った悪因という見方も可能だが、当事者たちからすれば、不謹慎ではあるが、神の啓示のように思えたのかもしれない。

心中に導いてしまったのは、大坂・堂島新地にあった天満屋で働く遊女・お初と、醤油商いの大店平野屋の手代《てだい》・徳兵衛というカップルだ。二人は遊女と客として出会い、まもなく本気の恋愛に発展する。いずれ一緒になることを考えていたが、徳兵衛は店の主人である叔父の決めた相手との縁談を勧められ、お初は好きでもない店の上客から身請け話を持ちかけられる。行き詰まった二人は心中を選ぶ——というのが大筋だ。

この通り、単なる身分違いの恋愛や、八ツ橋と栄之丞のような遊女と間夫の関係ともまた違う。遊廓という疑似恋愛の中で生まれた本気の恋愛で、何かを乗り越えればゴールインも夢ではない。そんな希望のある二人の話だ。そんな二人を阻むものは何だったのだろうか。

## 金銭問題と世間体というハードル

まず、金銭面でのハードルが考えられる。シンプルに、お初を身請けするには大金がいる。平野屋は大坂で急成長中の醤油商なので、お初を廓から請け出すお金はあるだろうが、それは店のお金。まだまだ修業中の徳兵衛が自由にできる金などない。

さらに困ったことに、金をめぐって、徳兵衛は一悶着起こしてしまう。友人の九平次が、どうしても金が要るということで、一日だけという約束で大金を貸してしまうのだ。この金というのは、叔父の勧めた縁談（しかも相手は叔父の妻の姪）の持参金。徳兵衛はこの話を断ったはずなのだが、田舎の継母がその金を受け取ってしまい、慌てて取り戻したという曰く付きの金。いわば、たまたま所持していた他人の金を、友人に貸してしまったのだ。しかもこの九平次が性悪男で、その金を借りた覚えはないととぼけ、逆に人々の行き交う場で徳兵衛は詐欺男扱いされてしまう。こうして恥をかかされたことが、この世への恨みとなり、心中への引き金となる。

仮に金銭問題が何らかの形で解決しても、もう一つ問題が残っている。それは世間というハードルだ。徳兵衛は、平野屋の跡取りで、いずれは店の顔となる男。顧客との付き合い、近所の寄り合いなど、人からの信用が絶対的に必要な立場だ。徳兵衛が平野屋を継いだら、その妻はいずれ女将さんということになる。もしお初と結婚した場合、平野屋の女将さんは元遊女だと噂が広がるのは目に見えている。お初がどんな人物かとか、真剣な恋愛から発展した結婚だとかは関係なく、ネガティブな噂のタネになってしまうのは必定だろう。

実際、徳兵衛が叔父からの縁談をお初と付き合っていることを理由に断ったとき、叔父から「そんな奴と付き合うなら持参金を戻せ」という態度をとられた。親類でさえこうなのだから、いくら当人同士が結婚を前提に付き合っているとしても、それが遊女というだけで、世間の目は変わってくるのが現実だった。

## 愛する男女だけにしか見えない心中のその先

しかし、死ぬほどの覚悟がある二人なら、人の目など気にせずただ相手だけを信じていれば、幸せを掴み取れはしないだろうかと考えてしまう。なぜお初は、死ぬことを選んだのか。それは何のしがらみもなく、徳兵衛と二人きりでいられる崇高なものが「心中」だと思ったからだろう。

あの世で幸せになること。つまり心中こそ、愛する者と結ばれた状態でこの世から旅立てる、理想の方法と思えたのでは……そんな考えがよぎった。

もしかすると、徳兵衛と出会い心が通じたとき既に、請け出されて夫婦になる未来ではなく、一緒に死んでくれる相手ができたという喜びを感じていたかもしれない。一生を捧げたいと思えるただ一人に出会えたからこそ、毎日毎夜、他の男と枕を交わさなければいけないことが苦しく、仮にその生活を抜け出すことができても、相手に迷惑をかけてしまうのではないかと、一般的な幸せは既に諦めていたのかもしれない。

江戸時代、十五、十六歳で身売りされた少女は、十年ほどで年季が明けると決まっていても、多くの女性はそれを迎えることなく早逝したという。それほど、病気と隣り合わせで過酷な労働だ。もし無事に年季が明けたとしても、行き場がなく、街娼のようになるか、小舟で生活をしながら客を引くなど堕ちていくしかなかった。

そんな未来を憂い、お初は一刻も早く遊女という哀しい身の上から抜け出したいと考えていたのではないだろうか。たとえ、徳兵衛と結婚できたとしても、「元遊女」という肩書からは抜け出せないからだ。

作中で、二人が心中の決意を確かめ合うシーンは有名で、縁の下に隠れた徳兵衛が、お初の足をとっておしいただき、すがるような格好でお互いの意思を確かめ合う。お初が独り言に見せかけ徳兵衛に「死ぬる覚悟が聞きたい」と問うと、徳兵衛はお初の足首をとって喉笛を撫でて死ぬ決意を知らせる。このときの、文楽で演じられる人形のお初も、歌舞伎役者によって演じられる生身のお初も、決意と安堵と、そこはかとない悦びが入り混じった表情をしている。それは、解放への喜びだったのかと妙に納得できた。

心中というのは、シンプルに「二人が同時に死ぬこと」であり、それ以上でも以下でもない。というのは現代の、それも追い詰められていない人間の思想なのかもしれない。生きている限り何とかなると言い聞かせ、我慢をし、つまり自分に嘘をついてその期間をやり過ごすという方法を、多くの人が選んで生きている。しかし徳兵衛と、特にお初はその限界が来ていたのだと思う。

それなら辛い場所から二人で逃げ出して、捕まるまでの間くらい一緒にいればいいじゃないかという、鋭い指摘をされる方もいるだろう。実際、近松の作品でお初徳兵衛と同じく、遊女と客が本気の恋に発展し、身請け話によって二人の仲が引き裂かれそうになるという設定の人形浄瑠璃『冥土《めいど》の飛脚《ひきゃく》』、それを歌舞伎化した『恋飛脚《こいのたより》大和往《やまとおう》来《らい》』という芝居がある。この主人公・亀屋忠兵衛《かめやちゅうべえ》は、公金を横領して遊女・梅川《うめがわ》を一旦請け出し、愛の逃避行をする。もちろん、そのお金が店のものだとバレてしまうので、二人はお尋ね者となり、行き詰まって結局心中することになるのだ。多少の時間の猶予はあっても、それは時間稼ぎにしかならず、結局この世では結ばれない。それならば心中しかない、と二人は死を選ぶ。結果は同じだ。

観客であった同じ悩みを抱えるカップルが、心中という道を選んだ最大の理由は「自由恋愛を成就させる」ことが可能であると教えられたからだと思う。成就の意味は、結婚ではない。二人の魂が永遠に一緒になることだ。つまり、自分たちの愛が真実であり、それを証明する方法が心中であったという考えだ。

幕府は心中の増加を受け、事態が深刻なものと判断し、「心中した男女の遺体は、服を剥ぎ取って裸にして晒す」「心中で生き残った場合、三日間晒し最下層の身分に落とす」などの刑を科したという。かなり重い罰だった。

もし心中に失敗したら、もし来世でも離れ離れだったら。そんな現実的な心配をしてしまう私は、心中が崇高なものだったと簡単に総括をすることはできない。ただ「未来成仏疑いなき恋の手本となりにけり」という詞章で締め括られるこの作品が、多くの若者の心を駆り立て、手本にし、救われた魂があったことに疑いはない。

# 『源氏店《げんやだな》』お富《とみ》

## ――〝かわいそう〟ではない囲われの身

本名題『与話情浮名横櫛《よわなさけうきなのよこぐし》』
作者　三代目瀬川如皐
初演　〈歌舞伎〉嘉永六年（一八五三）一月、江戸・中村座

## 『源氏店』相関図

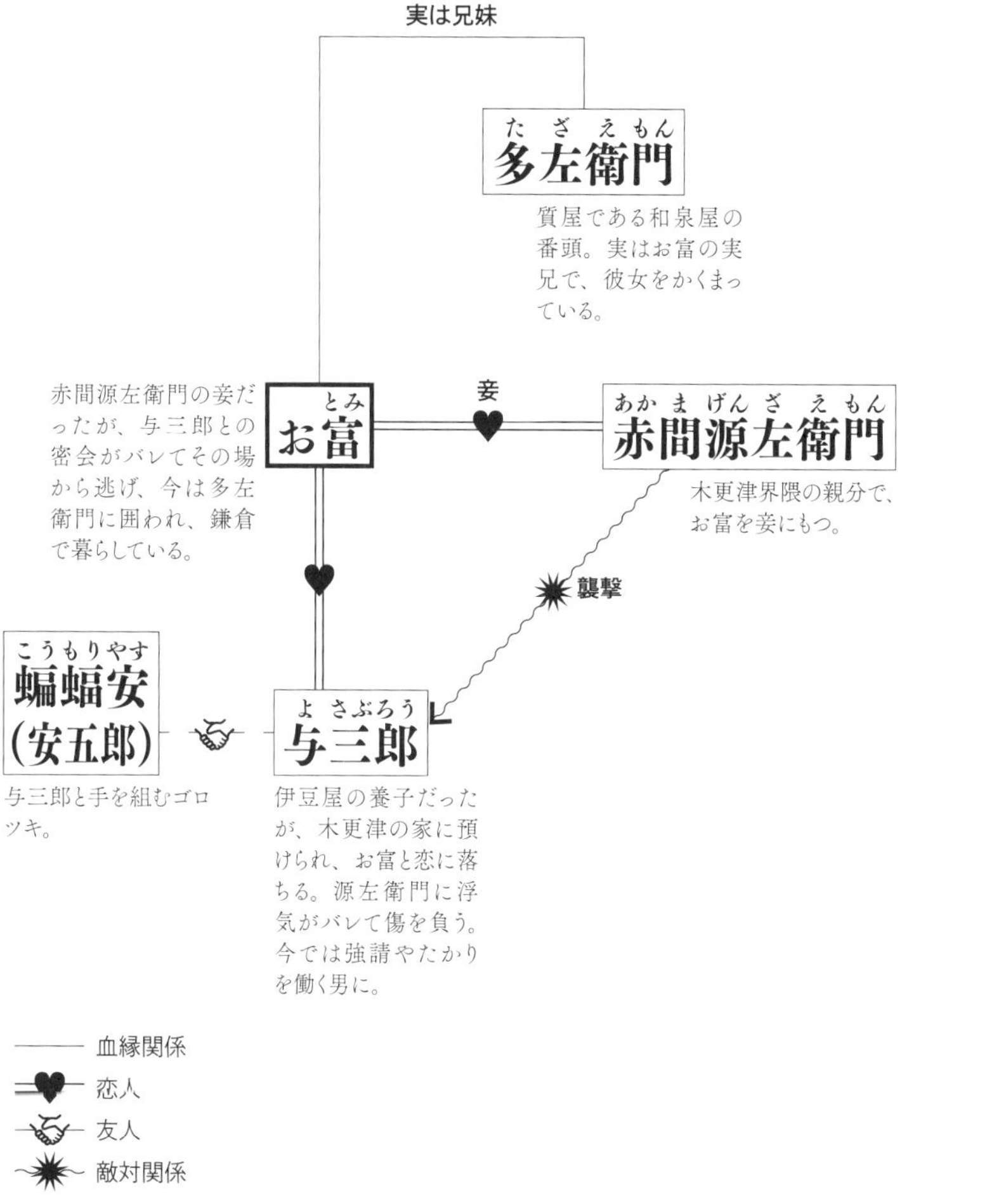

実は兄妹
多左衛門《たざえもん》
質屋である和泉屋の番頭。実はお富の実兄で、彼女をかくまっている。
お富《とみ》
赤間源左衛門の妾だったが、与三郎との密会がバレてその場から逃げ、今は多左衛門に囲われ、鎌倉で暮らしている。
妾
赤間源左衛門《あかまげんざえもん》
木更津界隈の親分で、お富を妾にもつ。
襲撃
蝙蝠安《こうもりやす》（安五郎）
与三郎と手を組むゴロツキ。
与三郎《よさぶろう》
伊豆屋の養子だったが、木更津の家に預けられ、お富と恋に落ちる。源左衛門に浮気がバレて傷を負う。今では強請やたかりを働く男に。
血縁関係
恋人
友人
敵対関係

## 愛人／妾。人の男に「囲われる」女の生き様

第三章は「囲われている身だから」と嘆息する女性たち、つまり遊女という特殊な立場の女性の生き様にスポットを当てている。やや重い話題だったかもしれないが、今回注目する『源氏店』のヒロイン・お富は、もう少し肩の力を抜いて紹介できる女性だろう。お富も囲われている身ではあるのだが、遊女のように借金のかたに自由を奪われているのではなく、お金のある男性に囲われている身、「妾」という立場だ。

既婚男性が妻以外の女性と交際し、経済的な援助をするという意味では、「愛人」という言葉のほうが、現代ではしっくりくるだろう。

もちろんイメージの良いものではない。相手を愛人に〝してしまう〟相手側は、特に最悪だ。ドラマの見過ぎかもしれないが、とかく富と名誉を得ている人が、金銭面を援助することで相手の生活を縛り、都合が悪くなると責任を放棄して逃げ出すような男性像が浮かぶ。

しかし、厳密にいえば妾という存在は、言葉の響きも実態も、現代とは大きく異なっていた。

まず、明治時代までは一夫一婦制でなかったこともあり、妾という立場は容認されていた。明治三年（一八七〇）に下付された、明治政府の最初の刑法典「新律綱領」では、「妻」と「妾」が同等の「二等親」にすると定められていた事実もある。この背景には、家の存続が重要視されていたこと、妾の身分が廃止されるまで、一夫多妻が認められていたことがわかる。しかも、新たに施行された刑法から妾という文字が削除されたが、その存在がすぐに消える訳ではなかった。

『源氏店』が初演されたのが嘉永六年（一八五三）だったことから、妾という存在はある意味、特殊でも非難されるものでもなかったのかもしれない。私たちには身近ではないポジションにいた元深川芸者・お富の、波乱に満ちた人生に触れてみよう。

お富はいわゆる「男が放っておかない」女性だ。と言っても、か弱いから守ってあげるというバンビタイプではなく、色香で惑わす、鱗粉を撒き散らすアゲハ蝶タイプの女性といえば想像しやすいだろうか。彼女が囲われているのは、土地の親分・赤間源左衛門。そのときの浮気相手が本作の主人公・与三郎だ。

与三郎は江戸の伊豆屋の若旦那で、幼い頃に養子として貰われてきた身。何不自由ない生活を送ってきたが、実子である弟が生まれてから居心地が悪くなる。弟に家督を譲るつもりで放蕩に身を持ち崩し、勘当され、今は木更津の親戚の家に預けられている。

そんなある日、浜見物をしているお富にばったり出会い、恋に落ちる。

　この見染めのシーンは、主人公とヒロインが出会う劇的な瞬間である。今後の展開を考えると、出会ってしまった二人、もう止められない、というため息が出てしまう良い場面だ。

　しかし冷静に考えると、お富は生活を保障してくれる旦那、しかも何をしでかすかわからないヤクザの親分がバックにいながら、いつでも恋愛に対して臨戦態勢なところに感心させられる。どの時代にもいる、良さげな獲物（とは言い過ぎか）に敏感な、元来恋愛体質の女性なのだろう。

　お富に誘われて密会をした二人だが、現場を源左衛門に押さえられてしまう。ここでヤクザの脅威をみせられ、捕らえられた与三郎は、なんと三十四カ所の傷を受けるのだ。お富はその場を逃げ出し、海へと飛び込む……しかし強運の持ち主。江戸の商人の和泉屋多左衛門の船に助け出されるのだった。

## 女の「片時も忘れたことがない」をあなたは信じますか

こうみると、廓のようなオフィシャルなルールに則り、雇用主と従業員の関係が明確な状態で囲われるのと、お富のように一人の男のルールに則って囲われる状態を比べたとき、その男の気分次第でどう転ぶかわからない後者の方が、恐ろしい気がした。相手に気に入られているうちは良いが、お富のように他の男との恋愛が発覚したり、まともな生活を送りたいと、関係の解消を申し出たりしたら、単純な別れ話では済まされないだろう。

しかしお富の生活に、ヤクザの旦那を恐れて萎縮するような緊張感はなく、今が良ければいい、という暮らしぶりだ。おそらく、モテ過ぎるがゆえに、私が私でさえいればきっと誰かが世話をしてくれるという自信と生命力からくる余裕ではないだろうか。それに加え、運が強いのも特徴だ。

あの事件から三年が経ち、多左衛門という謎の男性に助けられたお富は、今では源氏店で囲われて優雅な暮らしをしている。しかも、指一本触れられることはない。

一方、与三郎は美しい顔に傷が付き、とても堅気の商売はできずチンピラ同然の生活を送っていた。「蝙蝠安」と呼ばれるゴロツキの安五郎に悪の手ほどきを受け、強請《ゆすり》やたかりを働く毎日だ。ある日、与三郎が安五郎と共に偶然訪れたのが、お富の妾宅であった。かつて命懸けの恋をした二人が、一方は金を無心する立場、一方は金を工面する立場として再会を果たすのだ。
その境遇の違いを見せつけられた与三郎。あれほど愛し合った恋人が、あっさりと別の男に囲われているのを見て、腹が立つのは当然である。それを受けてお富は「あなたを片時も忘れたことはないし、囲われている身だが男と女の関係になったことはない」と弁明する。しかし、お富の色香を前に、そのような言葉を信用するのは難しい。三年間、本当に与三郎のことしか考えていなかったのかと疑ってしまうのも無理はないだろう。

囲われる、というのは受け身のような響きだが、自分の生活を保障してもらいつつ、自由に暮らせるのはお富のような女性の特権である。自分を最大限光らせてくれる相手に見つけてもらい、受け入れ、その時間を最大限楽しむ。お富を見ていると受け身どころか、窮屈になったらその殻を脱いで、次の殻を見つける能動性、ヤドカリ的生活力があると思えた。

「愛人」という言葉はあまり聞かなくなったが、こういうタイプの女性というのは、現代でもひっそりと生息している気がする。昨今話題になっている「パパ活」は、女性が若さや可愛さを武器に、男性から金銭支援を求めることだ。自分の若さや可愛さを武器にする身勝手な女性というイメージを持たれがちだが、生き抜くための手段を模索するしたたかさを持っているとも言える。もちろん、お富と同様、自分勝手な行動をしていると、力の強い人やコントロール不能な人に出会ってしまい、痛い目にあうリスクは伴うが……。

## 囲われるのではなく、囲われにいく逞しさ

さて、三年越しの再会を果たした二人はその後どうなったか。互いに傷だらけになった挙句の自殺未遂の後、どう暮らしてきたかの不幸話合戦の途中、多左衛門が帰ってくる。お富は慌てて与三郎のことを兄だと紹介するが、そんな嘘は無用だった。なんと多左衛門はお富の兄であるという驚きの事実が判明し、「これを元手に堅気になってからお富を迎えに来なさい」と、与三郎はお金まで渡される。ご都合主義万歳の楽しい展開だ。それもこれも、お富の運の良さのおかげだろうか。

幕末から明治にかけて活躍した三代目瀬川如皐による本作は、ボンボンの与三郎が女によって人生を狂わされ、傷だらけになった色男の復活劇を観る芝居だ。しかし私は、その後、如皐のライバルでもあった河竹黙阿弥によってお富を主役に書き換えられた

『処女翫浮名横櫛《むすめごのみうきなのよこぐし》』、通称「切られお富」の方が、お富の本来の行動力が遺憾なく発揮され、イキイキと描かれているように思える。

歌舞伎では、人気作品の登場人物を借りて、新しい趣向の作品に、それこそ〝書き換え〟てしまう手法がある。つまりヒロインを主役の座に躍り出させ、設定を反転してしまうのだ。

「切られ与三」では、与三郎が傷を受けるが、こちらではお富が全身を切り刻まれ、それを蝙蝠安に助けられ、安とグルになって悪の道へ走るという筋立てになっている。ワルくて、美しい。しかし凄みのある男まさりのキャラクターかと思いきや、再会した与三郎に傷のある顔を見られ、恥じ入る素振りを見せるという、可愛い一面も披露する。そして、与三郎の役に立つために、お家の重宝を見つけるというミッションまで遂行する。

「切られ与三」の与三郎が、お富に再会したときに言う台詞が「しがねえ恋の情けが仇」から始まり、その後もお富に恩着せがましく、お前に出会ったばっかりに、三年間死ぬほど辛かったと恨み言めいた言葉を並べるのに対し、「切られお富」の同じ設定のシーンでは「総身に傷の色恋も　さった峠の崖っぷち」と、潔い。強さと、チャーミングさを併せ持ったお富の良さが出ている。もちろん、先行作品があっての書き換えなのだが、私はこの作品から、本来は男に寄生しなくてもこのくらいの生きる力はあるんだという気合を感じるし、生かされるのではなく、誰に遠慮することなく生きているお富が清々しい。

男性を立て、一歩下がった奥ゆかしさを持つのが江戸の女性の美学ではあるが、そこをはみ出すパワーを感じさせるところが、お富という女性の魅力だ。彼女のように、モテ過ぎる女性は常に恋人が隣にいるので「あの子は男がいないとダメな子だから」と噂されることもあるかもしれない。しかし、男に依存しているように見せかけ、うまく利用して自分の幸せを追求する余裕があるともとれる。お富は囲われの身のかわいそうな女性ではなく、進んで囲いの中に入っていき、そこを拠点に人生を楽しんでいたのかもしれない。

男に守られるだけが恋愛じゃないという割と新しい考え方を、養われ囲われているという旧時代の遺物のような立場のお富が打ち出していたのは、興味深いではないか。

## コラム「○○な女」③

# 「諦観する女(男)」お嬢吉三—『三人吉三』

### 女装男子の刹那的人生

お嬢吉三は、おとせの項でチラリと紹介したが、性別は男である。なので番外編と言うべきかもしれないが、ついお嬢のことを〝彼女〟と紹介してしまうので、ひとまず女の子認定することを許してほしい。同じ河竹黙阿弥作品に、女装をして強盗を働くという設定の「弁天《べんてん》小《こ》僧《ぞう》菊《きく》之《の》助《すけ》」がいるが、〝彼〟は男の子だ。この違いは何なのかといえば、お嬢は正体がバレても肌を見せたり男性らしい振る舞いをしたりしないことだろう。イケメンお坊吉三と、友情以上の何かがあるの？と、ＢＬファンに想像させてしまう余地があるのも、お嬢が両性具有の魅力を放っているからなのだろうか。

お嬢吉三は、どこか諦観している、もっと言えば人生を半ば諦めているような雰囲気がある。それは幼い頃に誘拐され、旅役者として育てられたという生い立ちが関係しているような気がする。お坊、和尚吉三と出会ったことで、生きることに希望がわき、急に目に輝きが宿ったように見えるのだが、実は向かっているのは死というゴールだった。信頼する二人と刺し違えて死ぬラストは壮絶だが、やっと自分の居場所を見つけられたねと、安堵してしまうのは私だけだろうか。

# 四章　「私は働いているから」――悩みも尽きなくて

# 『番町皿屋敷《ばんちょうさらやしき》』お菊《きく》

## ――社内恋愛で相手の愛を信じられるか？

作者　岡本綺堂

初演　〈歌舞伎〉大正五年（一九一六）二月、東京・本郷座

## 『番町皿屋敷』相関図

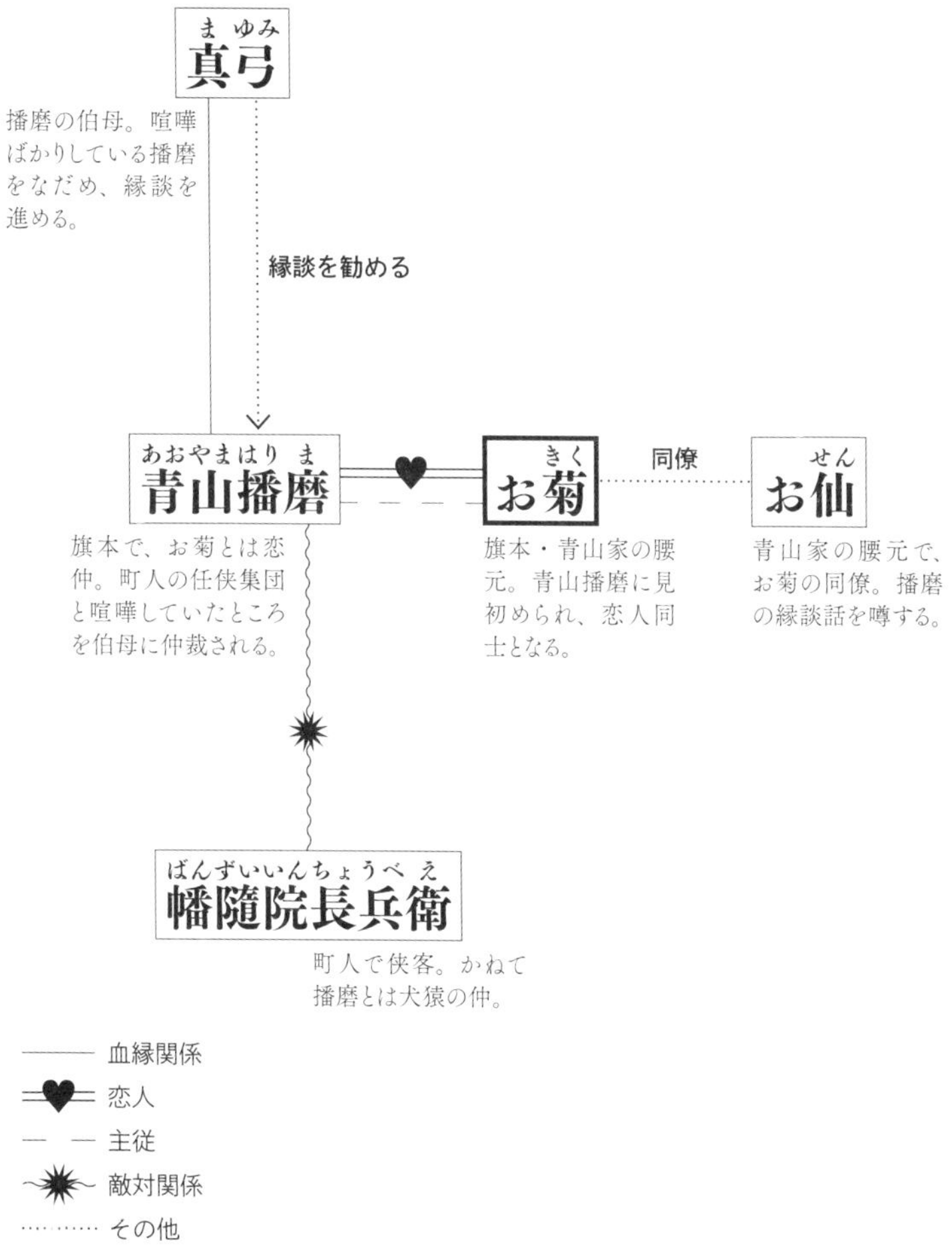
真弓《まゆみ》
播磨の伯母。喧嘩ばかりしている播磨をなだめ、縁談を進める。
縁談を勧める
青山播磨《あおやまはりま》
旗本で、お菊とは恋仲。町人の任侠集団と喧嘩していたところを伯母に仲裁される。
お菊《きく》
旗本・青山家の腰元。青山播磨に見初められ、恋人同士となる。
同僚
お仙《せん》
青山家の腰元で、お菊の同僚。播磨の縁談話を噂する。
幡随院長兵衛《ばんずいいんちょうべえ》
町人で侠客。かねて播磨とは犬猿の仲。
血縁関係
恋人
主従
敵対関係
その他

# マイルドヤンキーと結婚したい女子のマジでガチな愛

歌舞伎に登場する女性に背負わされている悩みの大半が、色恋沙汰である。そんな中、多くはないが、キャリアウーマンの悲劇が描かれる作品もある。女性が働くことの意味が、現代とは異なっていた時代。社内恋愛、子育てと仕事、人間関係のゴタゴタなど、仕事をする女性の苦悩を、この章では紹介したい。職種、年齢、置かれている環境はそれぞれ違い、現代では想像できないものから、いつの時代も不変と言われるものまで、悩みの種は尽きない。

はじめは「仕事と恋」に悩む女性代表、『番町皿屋敷』のお菊だ。皿屋敷といえば、「お菊さん」「一枚二枚……」「お化け」という連想を経ての「番町皿屋敷＝ホラー」というイメージが定着している。確かに基になった「皿屋敷」の物語は、伝説のように残っており、怪談的要素がある。内容はこうだ。

屋敷で働く下女が誤って皿一枚を井戸に落としてしまった。その科《とが》によって殺害され、その怨念が井戸にとどまり、毎夜その女の声にて一つより九つまで数え、十を言わずに泣き叫ぶ声が聞こえる……。

この概説を基に、歌舞伎には「皿屋敷物」という系譜が存在し、歌舞伎の脚本でも数編がある。その中で決定版となっているのが、岡本綺堂作の『番町皿屋敷』なのだ。

まず作者の岡本綺堂についてだが、明治五年（一八七二）生まれで、元新聞記者ということもあり、社会的な視点を持っていた人物だ。これまで紹介した作品群のように江戸期の成立ではなく、大正五年（一九一六）初演である。歌舞伎の分類では、明治中後期から昭和初期までに書かれた新作を「新歌舞伎」と呼び、本作もこれに当てはまる。新歌舞伎は何が違うのかといえば、歌舞伎の作者はこれまで、芝居小屋と契約したいわば歌舞伎専業の「座付き作者」が通例だった。しかし、新歌舞伎の頃から、外の世界から歌舞伎の脚本を書く作者が増えた。このことによって、より現実味のある、近代的な思想で物語が描かれるようになったのだ。

まさに『番町皿屋敷』は、時代設定を江戸というオブラートに包みながら、当時の観客の心を抉《えぐ》るような生々しさを持っている作品と言える。

まず本作の大事な設定は、今で言えばオフィスラブを扱っていることである。主人公の旗本・青山播磨は、彼に仕える腰元のお菊と恋人関係で、お互いに深く愛し合っている。しかしお菊は、播磨の気持ちを信じてはいるものの、所詮自分は雇われ者で従う身。自分からわがままを言えるような立場では決してない。このまま付き合っていけるか、ましてや結婚する気はあるのかなど、口が裂けても聞くことができない間柄だ。しかも最近、播磨に縁談があるという噂を耳にしており、ますます不安を募らせている。

このまま、昼ドラで放送できそうな設定である。しかも播磨はただの侍ではなく、喧嘩っ早い血気盛んな旗本で、いわゆるヤンチャなお殿様。どこかマイルドヤンキーの匂いがする。「俺はお前をマジでガチで守るから」と、真剣に言いそうな彼氏を想像してほしい。

お菊はそこそこの企業に一般職で入ったコンサバ系女子で、特にやりがいを感じている訳ではないが、女性にとっては花形の仕事に就けたことを少し誇りに思っている。かといって、それほど会社に腰を落ち着ける気はなく、ゆくゆくは寿退社を希望している――現代に置き換えるとすれば、こういった女性だろうか。他の女性社員と違うのは、勤め先の若い社長に惚れられ付き合っていること。うまくいけば玉の輿、だが失敗したらもうこの会社にはいられない。恋と仕事、どちらかと言えば恋の比重がかなり大きいが、毎日気の抜けない生活を送っている、といったイメージだ。

もちろんお菊はのし上がろうとして播磨に近づいたとか、他の社員を出し抜きたくて播磨と付き合っている訳ではない。どちらかというと、普通に幸せになりたいだけだった一社員が、突如社長に見初められたというパターンだろう。ただ、今ここで捨てられたら、私はどうなる？　東京に出てきた私を、田舎から応援してくれている母を安心させるには結婚しかない？など、モヤモヤは消えない。そこへきて、彼氏と良家の子女との縁談が進んでいるらしいという噂を聞いてしまっては夜も眠れない。そこで思い付いてしまったのが、「相手の気持ちを試す」ことである。

## 0か100かの二択のみ、ある意味ホラーな彼氏のリアクション

ちょうど今日は重要な宴会が行われるので、青山家が先祖代々大切にしてきた高麗焼の皿を使うことになっている。この皿を割ってみて、相手がどんな態度を取るか、どんな顔をするか試してみよう。普段大人しい女性が、大胆な賭けに出たのだ。しかし、お菊は冷静にいくつかの成功もしくは失敗パターンを思い描けていたのだろうか。私がお菊の立場だったとして、事前に考えられる恋人のリアクションは次の三つである。

1）何をしてくれたんだ、即クビだ。皿代は一生かかっても弁償してもらう
2）こんなことをするほど追い詰めてしまって気付かなかった、ごめんね。結婚しよう
3）こんなに愛している俺の気持ちを信用してもらえなかったことが許せない。死ね

本作未見の方は、「播磨はどんなことを言ったのでしょうクイズ」だと思って、1～3のどれかを考えていただきたい。

普通考えられるのは1と2のどちらかではないだろうか。もしお菊がちょっとお気に入りくらいの女性社員の一人だったら1という対応をされるだろうし、将来を考えている恋人だと思われていたら2の回答かもしれない……さて、正解は2であり3だ。

播磨は大事な皿が割れたと聞き、冷静に話を聞く。お菊が誤って割ってしまったとわかると、怒りもせず、二人きりになったところで「大切なお菊だから許したんだよ」と優しい言葉をかける。しかも、ちゃんとお菊との将来を考えていて、「お菊の母も屋敷で引き取った上で結婚をしたい」とプロポーズまでするのだ。お菊は願っていた、播磨の真実の愛情を確信し喜ぶ。しかしここからが、ある意味ホラーである。

ラブラブな二人の元へ用人がやってきて「お菊が皿を柱に打ちつけ、わざと割っているのを、腰元のお仙が見ていたそうだ」と告げ口するのだ。これを聞いた播磨は驚き、

お菊に真実かと問いただす。お菊は自分のあやまちを後悔しつつも、わざと皿を割ったことを認める。そして播磨の気持ちを確かめるために、「あなたを試すようなことをしてしまった」と明かす。真剣に愛していた恋人の、裏切りともとれるような行為を知り、怒りと悲しみが溢れてくる播磨。心をかき乱されながら「疑ったお前の気持ちは晴れても、疑われた俺の無念は晴れない」、そう言うと、残りの皿を「一枚、二枚」と数えながら全て割った上、愛するお菊を庭の井戸へ斬り捨ててしまう。

ただただ、怖い。確かにお菊は後先考えずに、大変なことをしてしまった。簡単には許されないだろうが、責めて殺して井戸に捨てるというのは、パワハラ、モラハラを濃縮した行為、というか大事件だ。

先にお菊の反省点を挙げると、家宝が旗本の家にとってどれほど重要なのかをわかっていないこと、そんな戦略的なことをしなくても、時間をとって話し合いができたのではないか、ということだ。しかし、将来について話し合いを提案できるような対等な関係であったら、一か八かの賭けに出ようなどという考えには及ばない。弁護をするなら、それほど追い詰められていて、しかも相談できる人がいなかったのだろう。

それに今の私たちが、一周回ってこれはホラーだと感想を言えるのも、時代の変化の表れかもしれない。少し前までは、妻は何をするにも一歩下がって、夫を立てるのが美徳とされていたし、意見を言うなどもってのほかだという時代だった。ただ相手の気持ちを聞くだけでも勇気がいる、それが一大事件に発展するという恋愛は息苦しかろうと思ってしまう。

## 「殺したいほどの愛」を殺された女性は受け取れるのか

さて、播磨の気持ちにも寄り添わなければいけない。彼は一言で言えば、不器用だった。播磨がお菊を一途に愛していたことは疑いようのない事実だし、気持ちも伝えていなかった訳ではない。ただ、自分と相手の立場を慮《おもんぱか》ることが足りなかった。多くの者を使う地位にいながら、自分の好きなように振る舞い、周囲に心配をかけていた状況から察するに、「自分としては伝えていた」と言うかもしれないが、それは男女の見解に違いがあったと思う。

「殺したいほどの愛」というのは、物語上では成立しているかもしれないが、生死をかけるような重い愛情を受け取れる人は、現実にはそういないだろう。むしろ自分がお菊の立場だったら、「まず命が大事なので、殺意を覚えるほどの愛は不要です」と言いたい。

二人の感情のコントロールの制御に問題があったことは言うまでもない。

ここで終わりにしてしまうと、ただのモラハラ男の殺人事件のように映ってしまうので、作者の言葉を借りて締め括りたい。この物語は、冒頭で述べたように、「皿屋敷物」というフォーマットありきで成立している。一説によると、「誤って皿を割った腰元を成敗した」という皿屋敷の伝説にも前段があり、実は以前から主人がその腰元を我がものにしようとしていたが、彼女がなびかないので、たまたま皿を割ったことに言いがかりをつけ殺して井戸へ葬ったとも言われている。しかし岡本綺堂は、その伝説を知った上で「男女双方に同情が寄せられる理由が必要」と考え、脚本を書いたそうだ。その結果、相愛の恋人同士ながら、相手の気持ちを探るために女性がわざと皿を割り、裏切られた哀しみで男性が恋人を井戸に投げ込むという筋立てとなった。まさに、型を活かしつつ、男女間の愛と憎しみは表裏一体ということを緻密な心理描写で描き切ったと言えよう。

舞台上では、主従関係を超えて、真実の愛を受け取ったお菊は、こと切れるまで笑みをたたえている。この最期を見て、彼女の人生を羨ましく思うか、気の毒だと思うかはあなた次第である。

# 『加賀見山旧錦絵《かがみやまこきょうのにしきえ》』尾上《おのえ》

## ――陰湿いじめに心が折れても

作者　容楊黛

初演　〈人形浄瑠璃〉天明二年（一七八二）一月、江戸・外記座
〈歌舞伎〉天明三年（一七八三）四月、江戸・森田座

## 『加賀見山旧錦絵』相関図

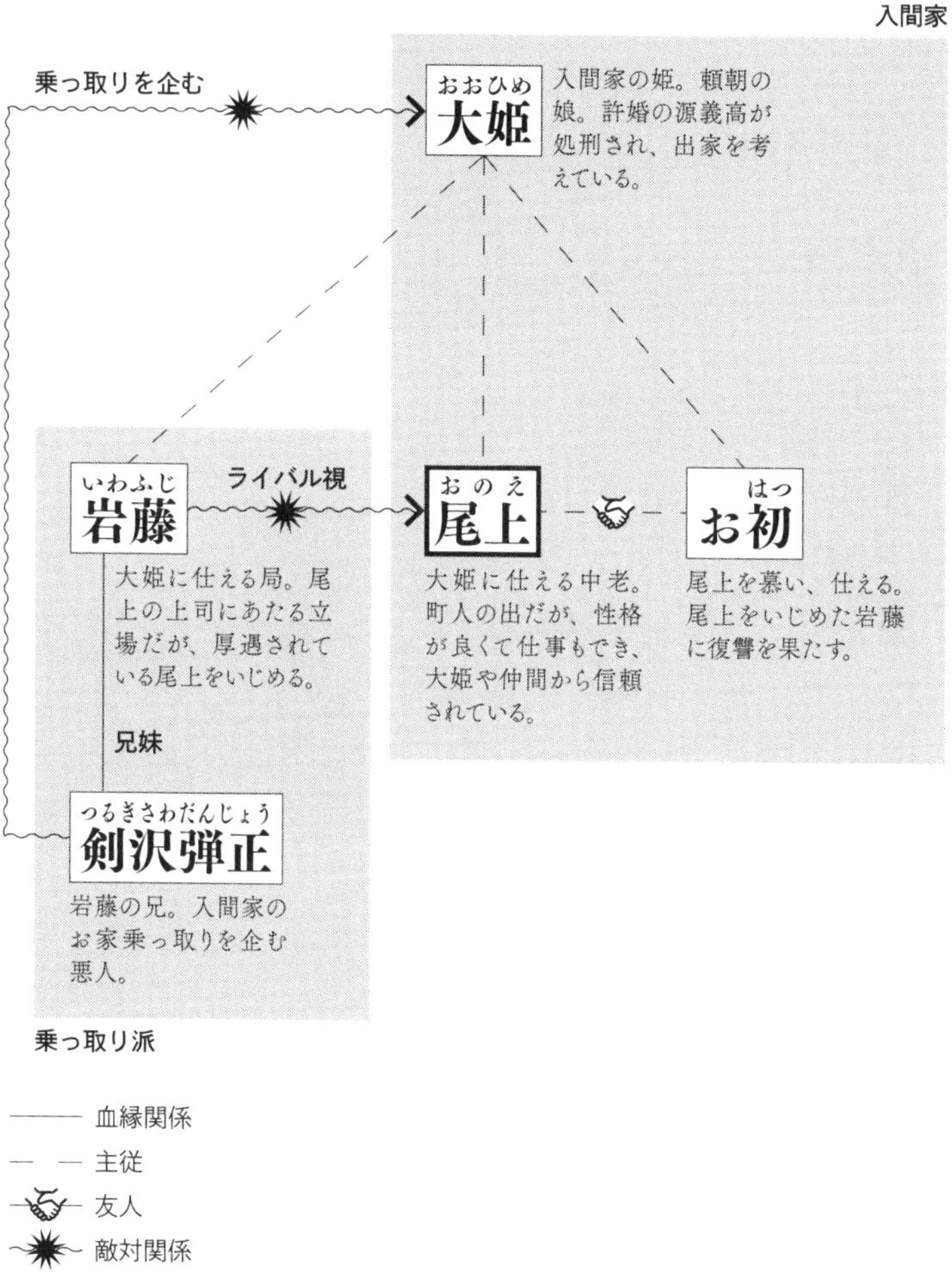
入間家
乗っ取りを企む
大姫《おおひめ》
入間家の姫。頼朝の娘。許婚の源義高が処刑され、出家を考えている。
岩藤《いわふじ》
ライバル視
尾上《おのえ》
お初《はつ》
大姫に仕える局。尾上の上司にあたる立場だが、厚遇されている尾上をいじめる。
大姫に仕える中老。町人の出だが、性格が良くて仕事もでき、大姫や仲間から信頼されている。
尾上を慕い、仕える。尾上をいじめた岩藤に復讐を果たす。
兄妹
剣沢弾正《つるぎさわだんじょう》
岩藤の兄。入間家のお家乗っ取りを企む悪人。
乗っ取り派
血縁関係
主従
友人
敵対関係

## 陰湿なお局のいじめに負けるな
## 優秀中堅女子社員

私の肌感覚ではあるが、現行上演される踊りをのぞいた歌舞伎作品の七割、いや八割は立役の芝居である。女方が主役となる作品は、三章で紹介した『切られお富』のような書き換えか、長編の中の独立した段、いわばスピンオフのような扱いで主役に女性が躍り出るという場合がほとんどだ。特に、主要キャラクターに男性がいない、女性だけの芝居は珍しい。恋愛も絡まず、遊女も出ず、女性だけの人間関係で物語が進行する稀有な作品、それが『加賀見山旧錦絵』である。江戸時代、女の争いが絶えない仕事場といえば、大奥だ。本作は、大奥を舞台にした作品の原点と言えるが、ドロドロとした女の争いを誠に痛快に描いている。

主要なキャラクターは三人おり、立場も年齢も一番上のお局様・岩藤、若くてデキる中堅社員の尾上、その尾上を慕うフレッシュな新人社員がお初である。尾上は性格も良く仕事もでき、上司からも部下からも信頼される存在。それを気に食わない岩藤が、徹底的に尾上をいびり倒し、自殺に追い込む。その無念を晴らすべく、お初が立ち上がり、見事に悪を討ち取るというストーリーだ。

この作品の魅力は、徹底的なわかりやすさにあると思う。女性のツボを押さえた、あるあるポイントの盛り込み方と、芝居ならではの勧善懲悪展開の匙加減が絶妙なのだ。

例えば岩藤のキャラクターである。普通、物語を複雑にするためにいじめる側にも多少の同情ポイントを作りそうなものだが、岩藤はとことん悪女に描かれている。育ちは良いのだが、化粧もアイシャドウ濃いめの「デビルマン」風で、嫌味な性格が顔に出ているし、立役が演じるということもあり、ドスの利いた声で可愛げなど微塵もない。元々、兄の剣沢弾正と共謀してお家乗っ取りを企んでいるという大悪人なので、気持ちのいいほど嫌なやつなのだ。

対比の妙で、尾上は優秀な部下でありながら、女性の上司を支えるために必要な謙虚さと繊細さを持っている。先輩にも後輩にも目配りができており、誰からも慕われる。そのせいで一部の先輩から目を付けられるという構図だ。

また、徹底的に女性のみでことが運ぶ筋立てとなっているのも、この作品の特徴だ。岩藤が尾上をいじめる最大の理由も、彼女たちの主人である大姫(頼朝の娘で、許婚《いいなずけ》の源義高が処刑され、出家を考えている身)に、尾上の方が気に入られているから、というもの。普通、美人な尾上がお殿様の寵愛を受けているのを、岩藤先輩が妬んで意地悪をするというパターンになりがちなところを、そういった男と女の関係を持ち出さないのが潔い。

いびりが始まる発端も、大姫が義高より贈られた大切な旭の弥陀の尊像（念持仏）を、気遣いの心があり、能力ある尾上に預けたということからだった。また、自分は局という高い身分で家柄も良いのに、中老という格下で、しかも町人出という女性に抜かれたこともプライドを傷付けられた理由になりそうだ。

岩藤は年増、尾上は働き盛りの若い女性という設定はあるものの、女としての魅力を失い捨てられたお局さんの嫉妬ではない。「能力を評価して正しい采配を振った女社長（大姫）と、認められた後輩（尾上）への恨み」から始まる物語は、当時としては新鮮だったに違いない。

岩藤と尾上の人柄が対極的なことに加え、尾上が自分でその能力をひけらかさないために、お初という信奉者を置いていることも心にくい設定だ。こちらも、ドラマにするなら尾上に心を寄せる年下男子などを登場させたくなるが、その役目に女性の部下を当てている。利発でどこか幼さが残る妹キャラのお初は、本作の重要人物だ。なぜならパワハラの末の自殺という暗い場面を、後味良く締めることができるのは、尾上のために立ち上がるお初しかいないからだ。それもドロドロせずに、爽快にハッピーエンドへと持ち込めるのも、お初の正義感と快活さを併せ持ったキャラクターあってこそだ。

## 湿度100%、視聴率44・1%の職場いじめの場

以上の人物相関だけでも、本作がこれまでにない、女性を活かし、魅せるための物語になっていることがおわかりいただけるだろう。しかし何といっても、見せ場は「草履打ちの場」である。この場があるために、前後の段を華やかに、湿度を低めに作って調整したのではないかというくらいの、観客の期待を上回るネチネチした女の争いの場なのだ。

「草履打ちの場」の直前の話はこうだ。大姫の尾上に対する信頼は増すばかりで、お家の重宝である「蘭奢待《らんじゃたい》の香木」の預かり役を務めることになる。しかし尾上が預かっていた蘭奢待の香箱を開けてみると、中には岩藤の草履の片方が入っていた。そこで岩藤が蘭奢待を盗んだと疑いがかかるかと思いきや、なぜかもう片方の草履が尾上の部屋で見つかったと知らせが入る。岩藤は「蘭奢待を尾上が盗み、わざと私の草履を箱に入れて犯人に仕立てた」と声を上げ、怒りにまかせて証拠の草履で尾上を何度も打ち付けたのだ。この、草履で打つという折檻は、他のもので打たれるより何倍も、人としての尊厳を踏みにじる屈辱的な行為である。罪を着せられた上に、大勢の人が集まる場所で辱

めを受け、想像を絶するほどの精神的ダメージを負った尾上は、顔面蒼白で御殿を下がる。その手には、岩藤の草履がしっかりと握られていた――。

あらすじ紹介では伝わりづらいが、コントかというくらいの、実際の舞台での岩藤から尾上への詰めようは、じっとりと汗をかきそうになる。一連の筋立てを考えたのはもちろん岩藤で、単純に「大事な宝物を紛失するとは尾上さんどう責任とるんですか」というのではなく、オフィシャルな場所で、尾上に隠された悪の一面があると吹聴し、恥をかかせる。しかも自分は被害者ですというアピール付き。仕込みありの芝居をするという陰湿さ、用意周到さにもはや感心してしまう。

この話は「女忠臣蔵」と称されることが多いが、実際の忠臣蔵でいう「刃傷の場」と比較すると面白い。確かに本家も相当ネチネチしているが、レベルが違う。その場の感情で相手をイラつかせ、刀を抜かせる男性に対し、証拠となるものを巧妙に仕込んだ上で、自分はちゃっかり同情を買い、じわじわと追い込み、ただ相手の精神が崩壊するまで屈辱を与え続けるというのが女性版だ。まさに男の争いと女の争いの違いを目の当たりにする。その後、尾上は故郷の家族とお初宛てに手紙を書いて自害するのだった。

## いいねボタンを押していたのは大奥のお姉様方⁉

お初は悲しみに暮れながらも、岩藤への復讐心に燃えて立ち上がる。雨の夜、お初は待ち伏せをし、岩藤に近づく。そして斬り合いの末に、岩藤に組み敷かれるが、もはやこれまでという瞬間に懐から落ちた尊像を見つけ取り戻し、極め付きに用意の草履で、尾上がされたように岩藤を打ち付けるのだった。このときの観客の爽快感と言ったらない。

ちなみに陰湿極まりない草履打ちについて、基となった事件があることを、後から知って驚いた。実際の事件はこうだ。

享保九年（一七二四）、石見（島根県）浜田城主の松平周防守康豊の江戸屋敷で、殿お気に入りの側女おみち（二十一歳）が、局の澤野（六十一歳）の上草履を取り違えてしまった。怒った澤野は、おみちに草履を投げ付けると、口惜しがったおみちは自害した。その後、おみちの部屋付きの侍女さつ（二十四歳）が、おみちを侮辱した局の澤野を殺害した。

冒頭で述べたように、実際は色恋沙汰が絡んでいた史実を女だけの世界に変換し、草履を間違えたというエピソードを、お家騒動に絡めて膨らませたこと、有名ドラマの土下座のシーン並みに鮮烈な「草履打ちの場」に仕立て上げたことに驚きを隠せない。

さらに面白いのは、この作品はある一定のターゲットに深く刺さったという事実である。それが、実際に大奥に勤める女性たちだ。

大奥には宿下がりという制度があり、一年のうち、長い休みを取れる時期があった。それが旧暦の三月くらいで、実際にこの時期にかかる芝居を「弥生狂言」と言うが、その時期にこぞってこの『加賀見山旧錦絵』が上演されたのだ。大奥で働く女性たちにとって、抑圧された現場での出来事を、多少濃い味つけにした上で、俯瞰で見られる楽しみといったらなかっただろう。そのターゲット層を意識してなのだろうか、徹底した女の争いとして描き切ったのも頷ける。

現代の女性が、恋愛リアリティーショーにのめり込んだり、「お仕事ドラマ」や、同じ境遇の女性にスポットを当てたドラマを頷きながら観たりするのと同じ現象かもしれない。ありそうでない、なさそうである、という微妙なフィクションを、「わかる〜」と頷き、心をときめかせる女性たち。感情移入していた女性が報われることを、テレビやスマホの向こう側でいつの間にか応援していて、同じ気持ちでいる人を求めてSNSを検索したことはないだろうか。

年に一度の芝居見物で、「あれは私かもしれない」と思いながら『加賀見山旧錦絵』を観る。「草履打ちの場」でストレスを溜めた後、お初が尾上の復讐を見事果たし、二代目尾上となることを申し渡される瞬間、溜まっていたものが全て放出される。これは現実ではない。そう思いながらも、女性たちがいきいきと描かれるこの芝居を明日への活力にし、また一年頑張ろうと思った女性は少なくなかったはずだ。

# 『伽羅先代萩《めいぼくせんだいはぎ》』政岡《まさおか》

## ——母モード・仕事モードのスイッチ

作者　奈河亀輔

初演　〈歌舞伎〉安永六年（一七七七）四月、大坂・中の芝居

## 『伽羅先代萩』相関図

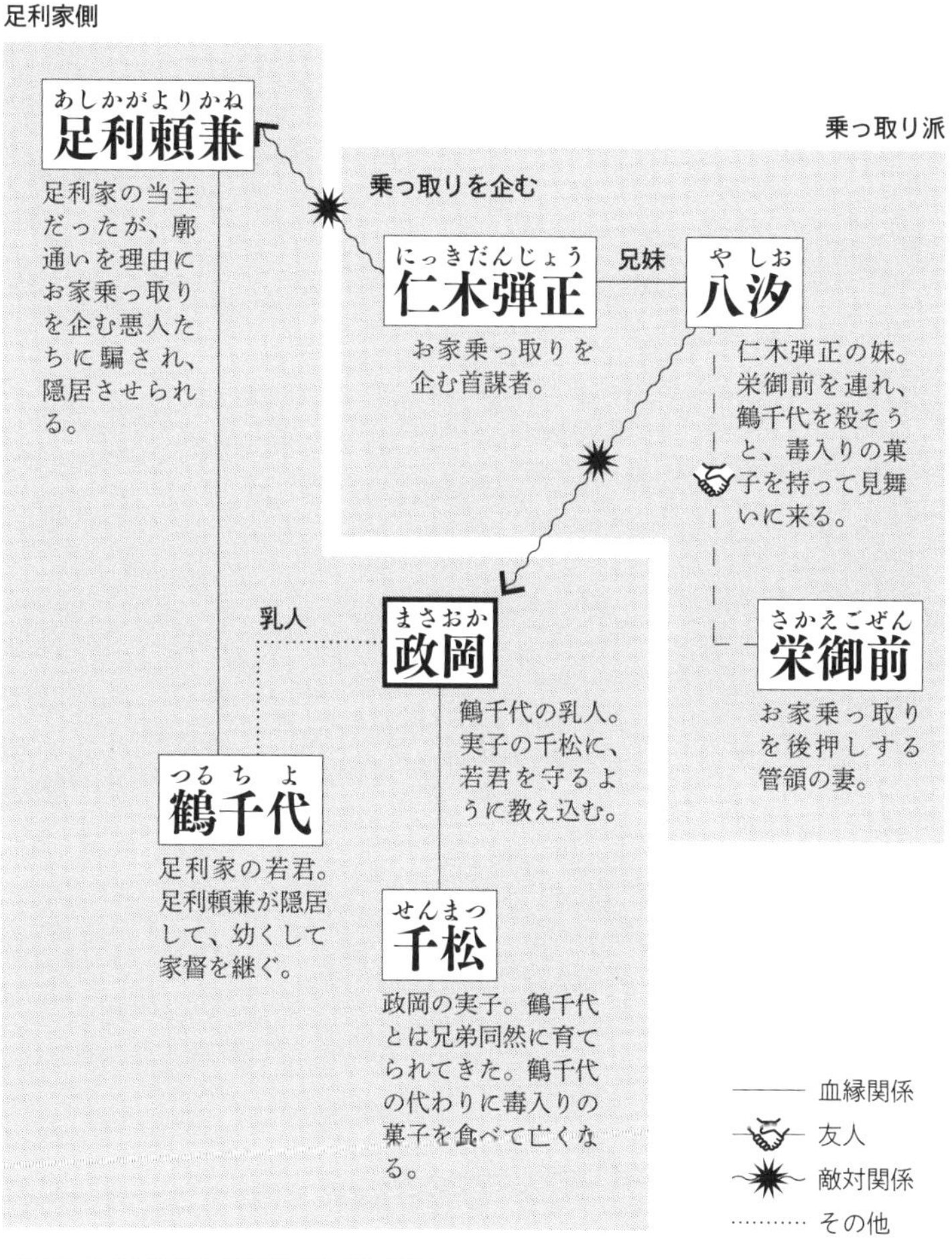

足利家側
足利頼兼《あしかがよりかね》
足利家の当主だったが、廓通いを理由にお家乗っ取りを企む悪人たちに騙され、隠居させられる。
乗っ取り派
乗っ取りを企む
仁木弾正《にっきだんじょう》
お家乗っ取りを企む首謀者。
兄妹
八汐《やしお》
仁木弾正の妹。栄御前を連れ、鶴千代を殺そうと、毒入りの菓子を持って見舞いに来る。
乳人
政岡《まさおか》
鶴千代の乳人。実子の千松に、若君を守るように教え込む。
栄御前《さかえごぜん》
お家乗っ取りを後押しする管領の妻。
鶴千代《つるちよ》
足利家の若君。足利頼兼が隠居して、幼くして家督を継ぐ。
千松《せんまつ》
政岡の実子。鶴千代とは兄弟同然に育てられてきた。鶴千代の代わりに毒入りの菓子を食べて亡くなる。
血縁関係
友人
敵対関係
その他

# 乳人・政岡と母・政岡

現代の感覚では理解できないことが多過ぎて、「これは歌舞伎だから」と割り切って観ていた演目がある。それが『伽羅先代萩』だ。端的に言うと、本作の主人公・政岡という女性が、実子を目の前でなぶり殺しにされても、声一つ上げずに、赤の他人である高貴な若君を守ることを優先する、という場面がある。その後、誰もいなくなってから我が子の亡きがらに駆け寄り、「三千世界に子を持った親の心は皆一つ」と慟哭《どうこく》しながら絞り出す台詞は、骨身に沁みる。だが、政岡の精神状態を自分の中で整理してみても難しく、私が母になる前も、なってからはより理解に苦しんだ。

おそらく、政岡は母であると同時に、若君の乳人《めのと》であるということ、つまり「働く女性」であることがキーワードになる気がするのだが、これまで目を背けてしまっていたのが正直なところである。あまりにも恐ろしい運命を背負った彼女の生き様に、この際じっくり触れてみようと思う。

まずは本作の舞台だが、『加賀見山旧錦絵』と同じく、大まかな設定はお家騒動を発端にしており、タイトルの「先代」と「萩」は仙台を意味し、伊達騒動を下敷きにしているのは明白だ。ちなみに「伽羅」と付くのは、足利頼兼（史実の伊達綱宗）が高価な伽羅で作った下駄を履いて廓に通ったという洒落た逸話からきているのだが、粋な外題だと感心している場合ではない。この廓通いのせいで頼兼は隠居させられ、とうとう幼い鶴千代が家督を相続することになるのだ。しかし頼兼が放蕩してしまったのも、実はお家乗っ取りを企む悪人たちの策略であった。陰謀がうずまく中、命を狙われている若君の運命やいかに、というのが本作のテーマだ。

乗っ取りを企むのは、仁木弾正とその妹の八汐。管領（幕府の高い役職）家と結託して、若君が幼いのをいいことに、あの手この手で近づき命を狙っている。その悪の手から必死に若君を守ろうとするのが政岡だ。彼女の身分は乳人であり、読んで字の如く、乳を与える係である。現代のように粉ミルクなどがある訳でもなく、特に乳幼児期の生存率が低かった時代、良質な乳を与えることのできる女性の存在は重要だった。また育児は雑事で、高貴な人が自ら行う仕事ではないという認識もあったのだろう。貴族や武家などでは、乳人の存在が絶対だった。

乳人には身分の低い女性が、乳を与える期間だけ雇われるというケースもあったようだが、政岡は単に乳を与える乳人ではなく、養育もするいわば第二の母という立場だった。局などに比べ身分は高くないが、若君の信頼を得られれば重用される存在だ。

また本作において忘れてはならない人物が、政岡の実子・千松である。彼は幼い頃から乳兄弟として、鶴千代と兄弟同然に育てられてきた。ただ、同じ女性から乳をもらいながらも、生まれたときからその境遇は違う。千松は若君をお守りするという役目が定められていたし、乳「兄弟」といっても、物心ついた頃から既に主君と家臣という間柄が確立されている。政岡も母として、そのことを厳しく教えていた。何かのときは命懸けで鶴千代をお守りするようにという教育が、のちの悲劇を生む。

## 母モードのスイッチを「切」にした政岡ができたこと

鶴千代が命を狙われる中、政岡は徹底的な守りの体制を敷く。まず若君は男を嫌う病気にかかったと偽り、男どもは一切近づけないこととした。また、食事も毒を盛られるかもしれないので、自ら用意したものしか口に入れさせないという徹底ぶり。実際に政岡が茶道の作法を用いて米をとぎ、炊く所作のある通称「飯炊き《ままた》」という場面では、空腹ながら「腹が減ってもひもじゅうない」という健気な子どもの姿に胸を締め付けられる。政岡が、空腹に耐えかねた子どもたちのために、安全に、早く食べさせようとする苦労が伝わる場面だ。

　しかし、ここまで厳戒態勢で悪の手から若君を守ろうとするも、とうとう敵が乗り込んでくる。裏でお家乗っ取りを後押ししている管領の妻・栄御前、悪の総本山の八汐らが現れる。到着するなり、八汐は栄御前が見舞いの品として持参した菓子を勧めるので、空腹の鶴千代は思わず手を出す。それを政岡が止めると、「この菓子に毒が入っていると疑っているのか」と八汐は鬼の首をとったかのように責め立てる。

　政岡が困り果てたところに、「この菓子一つ下されや」と無邪気な声を発し、手を伸ばしたのは千松だった。自分の役割を果たそうと、若君の毒見役としてわざと菓子を食べたのだ。大方の予想通り毒が入っていたので、千松は食べた途端に苦しみ出す。驚いた八汐は、悪事が露見しないよう、証拠隠滅とばかりに千松の胸元へグッと懐剣を突き刺すが……母である政岡は、止める訳でもなく、とにかく若君を安全な場所へと連れて行き、抱き守りながら、じっと堪えるのだった。

　この場面は苦し過ぎる。目の前で我が子が声を上げて、全身で苦しんでいるのに、母は別の子どもを守ることが仕事であり、駆け寄ることも助けることもできない。この「仕事だから」の意味はわかるのだが、我が子の一大事を前に泣きもせず、事態をじっと見つめ、「千松は無礼なことをしたのだから、成敗されて当然」とまで言ってのける精神状態は理解できない。しかしこの政岡の気丈な態度により、悪人たちは味方だと勘違いをし、お家乗っ取りの証拠である連判状を政岡に渡してしまうのだ。

これは政岡の緻密な計画だが、全てが予定通り、という訳ではない。確かに千松には命を懸けて若君を守るようにときつく教育していたが、まさか目の前でこんな残酷な事件が起こるとは思っていなかっただろう。後に駆け寄って泣き叫ぶ政岡から、どれだけ千松を愛していたか、母の無慈悲な教えを守って勇気ある行動をとった息子への贖罪《しょくざい》と慈しみの気持ちが伝わってくる。しかしその千松への愛情がありながら、あのとき母であることを、一旦停止できたのはなぜだろうか。

それは、若君を守るということが、仕事ではなく使命であったからだろう。母のスイッチを一旦切らなければ、あの場面で冷静なふりなどできない。それができたのは、ただ仕事人としてのスキルの高さというより、鶴千代への想いも関係しているのではないだろうか。

## 政岡の脳裏に常にある二人の子どもの存在

乳人は、男性社会の中で女性が活躍できる誇るべき仕事だ。冒頭でも触れたが、現代のベビーシッターのように、母親のサポートをすることをミッションにしていた訳ではなく、自分の養育の如何《いかん》によって、世の中が変わってしまうくらいの重みがある。生まれてからこれまでずっと、乳を与えるだけでなく、鶴千代の身の回りのことに気を配り、食事の世話をし、礼儀作法など全てを教えてきたのだろう。産みの母よりも固い絆があったはずだ。鶴千代がどれだけ政岡を慕い、信頼していたかは、一度目に八汐がやってきた場面でわかる。政岡が無実の罪を着せられ、代わりに私が乳人となりましょうというシーンだ。

「政岡を獄屋とやらへ入れるなら、余も一緒に行こう」「余を可愛がる大事の政岡。余は殺されても大事ない（後略）」と言い、しまいには「それ程獄屋へやりたくば政岡が代わりにそち（八汐）が行け」と言う始末だ。改めてみると、政岡と千松はもちろん、政岡と鶴千代も、相当に固い絆があったと思えたのだ。

政岡の場合、鶴千代と実の息子の千松を同時に育てている。当然、自分の子どもと、小さな身ではあるが、お家のトップの若君とは扱いが違う。飯炊きの場面でわかるように、言葉遣いも、接し方も、リアクションもだ。しかしこのことにとらわれていて、肝心なことをわかっていなかった。お腹を痛めて産んだ子、という表現がよく使われるが、痛めていようといまいと、政岡にとっては千松だけでなく、鶴千代も我が子のようなものなのだ。だからいろいろな意味で、二人を心の中では平等に扱っていたのでは。そう仮定してみると全て合点がいった。

いつの間にか、自分の血が繋がっている子どものほうが特別とか、高貴な血筋を引く人のほうが大事とか、そういった固定観念にとらわれていた自分を恥じた。政岡にとっては、二人の命が等しく大事で、等しく自分の命に代えても守るべき存在なのだ。

このことによって、もう一つ思い出す場面がある。それは政岡が、千松がなぶり殺しにされたのに平然としている姿を見て「政岡の本当の子どもが鶴千代君で、幼い頃にすり替えていたに違いない」と敵側が断定するところである。血の繋がりこそが親子である、産んだ子どもを可愛がるのが普通である、という考えが浮き彫りになる瞬間である。

政岡は、鶴千代と千松それぞれに愛情があり、同時にそれぞれの運命を憐れんでいる。鶴千代は、物心ついたときから大人の都合で家の主人という責任を背負わされ、そのせいで命の危険にさらされ、人々を警戒しなければならないという運命に。千松も同じく生まれたときから、身を呈して若君を守るということ、いつでも命を捧げることを求められていることに。

政岡は、身分や立場をわきまえつつも、鶴千代と千松を本当の兄弟のように思い、千松がいずれ命を落とすときは、鶴千代の中で生きてほしい、鶴千代には千松の分まで生きてほしいという思いがあったのではないだろうか。「三千世界に子を持った親の心は皆一つ」に出てくる、この「子」と言うとき、政岡はこの二人の子のことを思い浮かべてのことかもしれないと、勝手な解釈だが思ってしまった。

政岡は、毎夜嘆いたことだろう。私が城で働いていなければ、乳人ではなく普通のお母さんだったなら、と。国のために身を捧げるヒーローにならなくていい、お腹いっぱいご飯を食べて、優しい子に育ってほしい、それが政岡の本心だったはずだ。

現代であっても、母が仕事をしているから、シングルマザーだから、子どもに犠牲を強いてごめんね、こんなお母さんでごめんね、と自分を責める女性がたくさんいる。烈女、男まさり、そんな風に紹介される政岡も、スケールは違えど私たちと同じ、悩める働く母だと思うと、余計に切なくなってしまうのだ。

## コラム「○○な女」④

# 「人智を超えた女（雌）」葛《くず》の葉《は》—『芦屋道満大内鑑《あしやどうまんおおうちかがみ》』

### 奥さまは狐さま。人智を超えた愛

女性と言うべきか、雌と言うべきか。歌舞伎のヒロインは人間にとどまらない。葛の葉は狐である。面白いのは、現代では「女狐＝悪女」のイメージが染み付いているのに、葛の葉はピュアな女性（狐）であること。本作は鶴の恩返しを彷彿とさせる、「白狐の恩返し」がテーマだ。

森で安倍保名《あべのやすな》という陰陽師に命を助けられた白狐は、その礼にと、病気療養中の婚約者に姿を変えて、保名の前に姿を現す。そして一切正体を気付かれずに暮らし始め、子までもうける。そこまでしたら添い遂げたいだろうに、本物の葛の葉が現れると、狐葛の葉は泣く泣く信田の森へ帰っていくのだった。保名は、「狐でも君がいいんだ！」と追いかけるが、狐葛の葉は帰ってこない。

人間葛の葉は何も悪いことをしていないのに、突如現れ「幸せな家庭を壊した女」的な見え方になるのはちょっと気の毒である。森に帰った狐もだが、人間葛の葉がその後、どうやって夫婦や家族関係を構築していったのかにも興味がある。

人間と狐のハーフである子どもは、安倍童子と名付けられ、不思議な能力を持つ子に育った。それが後の「安倍晴明《せいめい》」だと伝えられている。

# 五章　「私たちは女同士だから」——争いや友情も生まれて

# 『心中天網島《しんじゅうてんのあみじま》』おさん・小春《こはる》

## ――妻と愛人が結ばれる「義理」

作者　近松門左衛門
初演　〈人形浄瑠璃〉享保五年（一七二〇）、大坂・竹本座
〈歌舞伎〉享保六年（一七二一）、江戸・森田座

## 『心中天網島』相関図

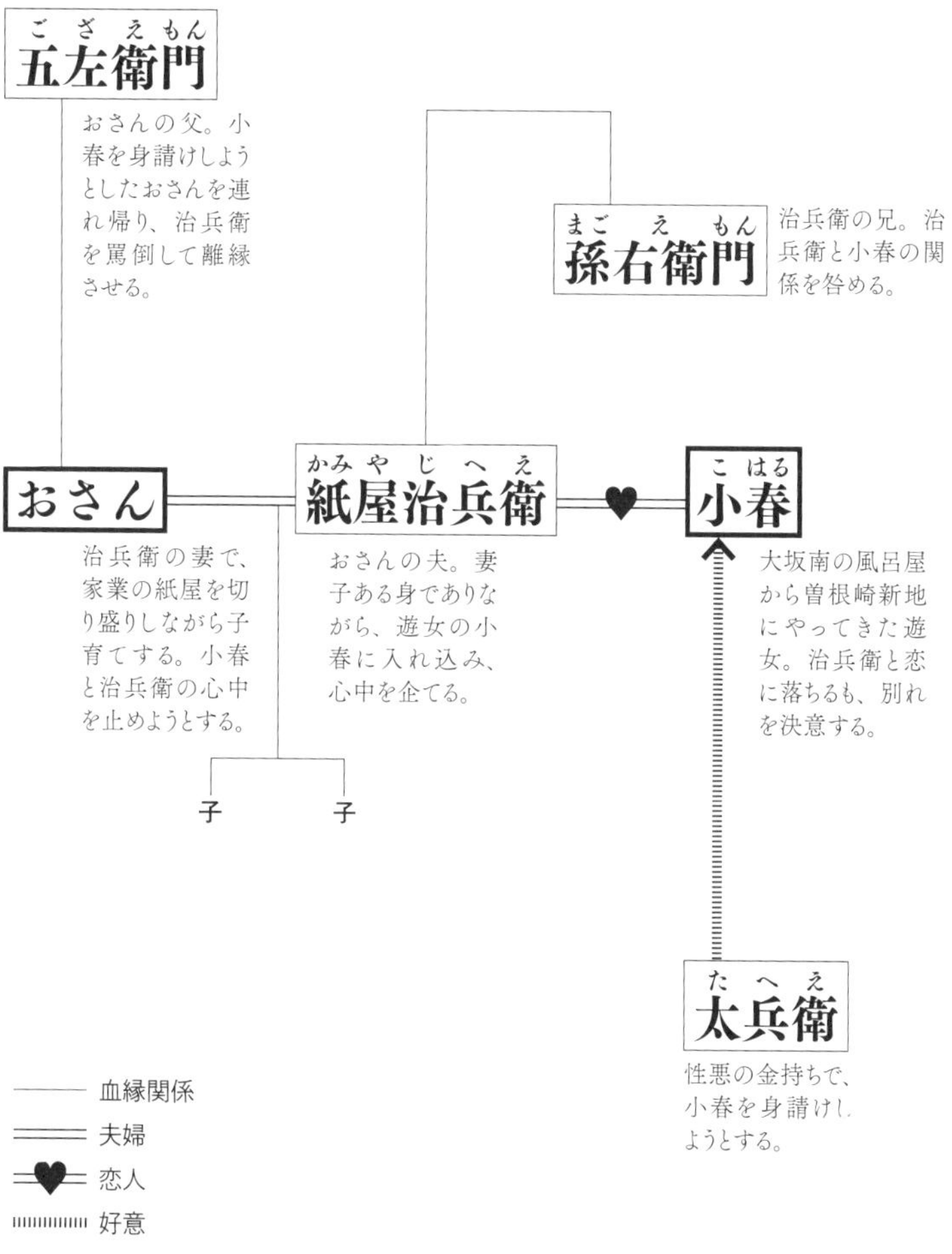
五左衛門《ござえもん》
おさんの父。小春を身請けしようとしたおさんを連れ帰り、治兵衛を罵倒して離縁させる。
孫右衛門《まごえもん》
治兵衛の兄。治兵衛と小春の関係を咎める。
おさん
治兵衛の妻で、家業の紙屋を切り盛りしながら子育てする。小春と治兵衛の心中を止めようとする。
紙屋治兵衛《かみやじへえ》
おさんの夫。妻子ある身でありながら、遊女の小春に入れ込み、心中を企てる。
小春《こはる》
大坂南の風呂屋から曽根崎新地にやってきた遊女。治兵衛と恋に落ちるも、別れを決意する。
子
子
太兵衛《たへえ》
性悪の金持ちで、小春を身請けしようとする。
血縁関係
夫婦
恋人
好意

## 「つっころばし」を認めないことから始めよう

女性の争いは歌舞伎演目に散見される。喧嘩の原因は大抵「男の取り合い」で、おまけにダメ男をめぐって、なのだ。ダメ男は上方歌舞伎、つまり京・大坂で生まれた歌舞伎作品に頻出し、歌舞伎の役柄の一ジャンルにまでなっている。「つっころばし」という名称の通り、突けば転んでしまうような、ナヨナヨした頼りない人物。言い方を変えれば、柔らかみと色気があって、なぜかモテてしまう人物像のことだ。

『心中天網島』に出てくる紙屋治兵衛も、このグループに分類されるのだが、妻子ある身で遊女に入れ込み、果ては心中という運命を辿る。とにかくツッコミどころ満載だ。そもそも「つっころばしというキャラクターがある」とカテゴライズしてしまうと、「治兵衛というのはどうしようもない男だけど、なぜか憎めなくて許せてしまう存在なのだな」と、脳内補完してしまうきらいがある。今回は一旦、その色眼鏡や歌舞伎の約束事を外した上で、この男性を取り巻く二人の女性にフォーカスして、作品を味わってみたい。

まずは小春である。彼女は大坂南の風呂屋から曽根崎新地に来た遊女で、その生活は決して豊かなものではない。美人で人気者だが、どこか影があり、終始うつむきがちなイメージがある。そんな小春が、妻子持ちの治兵衛と出会ってしまった。互いに満たされない者同士、引き寄せ合ってしまったのだろうか。この世で添い遂げることができないなら一緒に死のう、という仲になる。

女性、特に既婚者からすると、「小春、許すまじ」という見方をするのが妥当だが、三章で遊女の悲哀を知ってしまった以上、小春をただ責めるのは酷な気がしてしまう。起請を交わす間柄、つまり本気の恋に踏み込んでしまったことや、心中の約束までしたのは行き過ぎかもしれない。が、小春は常々、家庭を壊してまで、人を傷付けてまで治兵衛と一緒になりたいとは思っていなかったはずだ。

なぜなら、治兵衛と直に接しているとき以外は、分別ある聡明な女性だからだ。実際、治兵衛の妻から「主人はあなたと死ぬことを考えている気がする。夫の命を救うためにも別れてほしい」という趣旨の手紙をもらうと、すぐ治兵衛と別れる決意をするし、別れさせようと、治兵衛の兄までが廓にやってきたときも「私は本気ではない。心中するのはごめんだ」と、心と裏腹の芝居をして、誰にも迷惑をかけないように、一切のことから手を引こうとしている。さらに治兵衛と別れた後は、「金持ちに身請けされ、自害する」というシナリオを、小春は人知れず用意していたのだ。

しかしそれを止めたのは、治兵衛の妻・おさんだった。

## ママ友の金言
## 「男子の不完全さは愛おしさ」

それでは、おさんのことを話そう。おさんと治兵衛との間には、四歳と六歳の子どもがいる。ほぼワンオペで立派に母業をこなし、夫が頼りないために家業の紙屋のことも切り盛りする逞しい女性である。貞淑な妻が子どもの世話をしながらあくせくと働いている最中に、治兵衛はよくも廓遊びに興じることができるな……現代の感覚ではあり得なさ過ぎるし、なぜ離縁しないのかとしか思えない。さらにおさんの台詞の中で、「子どもを産んでから二年間、男女の関係もない」という衝撃的な嘆きもある。ダメ男で自分のことも女性扱いしてくれない、そんな夫を取り戻そうとするおさんの気持ちもよくわからない。

何か一つでも、この夫婦が別れない理由はないのかと考えてみたところ、おさんと治兵衛は従兄妹同士、つまり幼馴染の延長という関係性を思い出した。もちろん恋愛をして一緒になったのだが、いわば腐れ縁ということだろうか。治兵衛の良いところを見た目以外で探してみたが見つからず、その持ち味といえば「なぜか憎めない」。それに尽きてしまうのだ。

結局おさんの手紙をきっかけに、小春が大人の対応をしたことで、治兵衛は大人しく家に帰ってくることになった。しかし家族を立て直そうというその矢先に、小春が太兵衛という性悪の金持ちに身請けされることが話題に上る。おさんは女の直感が働き、小春は死ぬつもりだと慌て出す。彼女を死なせまいと、これまでの方針を一転、夫に小春を身請けしなさいとお尻をたたき、有り金と、足りない分は自分の大事な着物を質に入れてまで小春を請け出そうとするのだ。

おさんは聖母マリアなのかと思う瞬間である。自分のことは忘れて、ただ小春の命だけは救わないと、という気持ちになる。治兵衛から「小春を身請けしたら、この家に住まわせることになると思うけど、君はどうするんだい?」と聞かれたときも、「私は二人の子どものベビーシッターか、家政婦にでもなろう」、そう言うのだ。今まで、おさんはすごい、女の鑑だ、突き抜けている、としか思えなかった。小春のため、愛する夫のため、そこまでできるなんて。

しかし、やや意地悪で現代的な解釈をしてしまうと、世の中にそんな女性はいるだろうかという気持ちが溢れてくる。愛に満ちた新婚生活も束の間、子どもが生まれてからは毎日、おむつを替えて、離乳食をあげて、寝かしつけをして、大きくなれば元気な子どもの相手をして、果ては会社の帳簿までつけて。実家から「旦那は何やってるんだ」と言われても「彼もいろいろ頑張ってくれてるから」と尻拭いをする毎日。それなのに、夫は働きもしないで家のお金で、若くて可愛い女の子と本気のランデブーをしているのだ。しかも「君と一緒になれないこの世が辛いから一緒に死のう」と言ってるそうじゃないか。死にたいのはこっちだよ。そう心で思ってはいなかったか。

小春に手紙を書いたのも、その意地悪な見方をすると、痺れを切らした妻の声を届けたかったようにも思える。もちろん、治兵衛を死なせたくない、ここで家族をリセットしたいという気持ちもあったのだろう。

でも、ただそれだけなのだろうか。私はここにいます、夫・治兵衛にも二人の子どもを立派に育てる責任があります。二人で楽に死ぬなんて許しません。子を持つ女性だったら、その気持ちは隠せないと思う。治兵衛を愛する気持ちに嘘はないが、妻としてのプライド、長く治兵衛を見つめてきた女性の意地があったに違いない。

おそらく女性の小春には、おさんの気持ちが伝わったのだ。若い女性二人が男を取り合うのであれば、女と女の闘いになるが、おさんは妻であり母である。ただのやきもちでこの手紙を書いていないことは予想がつく。今まで見ないふりをしてきた、夫であり父である治兵衛の姿が、突然リアルな形となって現れた気分だったのかもしれない。小春はきっぱりと、治兵衛を妻に返すことを決意したのだ。

それにしても、おさんは何が楽しくて、自分の夫とその浮気相手のために、自分がせっせと貯めてきたお金を手放し、思い出の詰まった着物まで売らなければいけないのか。理解できなかったのだが、おさんがなんだかんだ治兵衛を愛してしまう理由が、あるときわかった気がした。

それはママ友の「男の子と女の子を比べると、男の子の方が手がかかるのに、なぜか可愛いと思える」という話を聞いたときだ。その理由は、「なんでそんなことするの?」と、女性にはわからない行動だらけで、それが愛おしいそうだ。なるほど、女性は本能的に、ピュアでツッコミどころ満載の男性に対して、呆れながらも手を差し伸べたくなる性質を持っているのか……! 私は器が小さいせいなのか、あまり異性を可愛いから許すという気持ちには至らないのだが、無邪気な人への憧れはある。邪念がない、こうと決めたら外聞も気にせずに突き進める、自分を尊重できる姿勢は、男女に限らず羨ましく思う。治兵衛の長所が、おさんや小春にはとにかく刺さったのだろう。

## 「男の義理」とは訳が違う「女の義理」

そう思えば、小春とおさんは、己に正直に生きてきた治兵衛に比べて、いかに外聞を気にして、人のために自分を犠牲にしてきた人生だろうか。小春は母のために遊女稼業に就き、少しでも待遇の良い南から曽根崎新地へやってきて、男性に身を任せている。おさんは結婚をして二人の子宝に恵まれるという、一見幸せな半生を送るも、家庭には向かない伴侶を嫌いになれないばかりに、自分が夫の分まで頑張らなくてはいけない生活を送っている。互いに、もっと自分のために生きられたら違う人生だったかも、という共通点があった。もし二人が友人として会っていたら、良き理解者になれたのかもしれない。

肝心の本作の結末はというと、おさんが金を工面していざ小春を身請けしようというところで、おさんの両親がやってきて「あり得ない」と言って、離縁させせられる（おさんの両親が一番まともである）。その結果、小春と治兵衛はいよいよ心中するしか道はなく、たくさんの橋を越えて、夜明け前に命を絶つのだった。そのとき小春は、おさんに遠慮して、治兵衛と別々の場所で死のうとする。こうすれば、生まれ変わっても結ばれることはないからだ――。

おさんが、治兵衛を思い切ってもらうために小春に宛てた手紙の中で「女は相見互《あいみたがい》事《ごと》」という言葉を使っている。「相見互事」とは、同じ境遇の人たちは、助け合っていくべきという意味であり、「私と小春さんは同じ立場の女性だ」と、認めている証しだ。私たちは、弱い女同士であると。小春は心を動かされ、おさんだけは裏切ってはいけない、という気持ちが芽生えたのだろう。

江戸の人たちはとかく、「義理」を大切にする性分で、現代人にはピンとこないワードの一つだ。ただ小春とおさんが大切にしていたものが「女の義理」であるならば、「男の義理」とは完全に別物だということはわかった。力と血と汗の匂いのする「男の義理」に比べ、「女の義理」は辛抱と情と清らかな涙の匂いがする。

物語は壮絶な心中シーンの後、幕となる。小春の魂は鎮められただろうか。残されたおさんは、子どもたちと逞しく生きていけただろうか。二人の女性の行く末が気がかりでならない。

# 『梅《うめ》ごよみ』米八《よねはち》・仇吉《あだきち》

## ――バチェラーから解放されること

作者　木村錦花〈原作：為永春水『春色梅児誉美』〉
初演　〈歌舞伎〉昭和二年（一九二七）、東京・歌舞伎座

## 『梅ごよみ』相関図

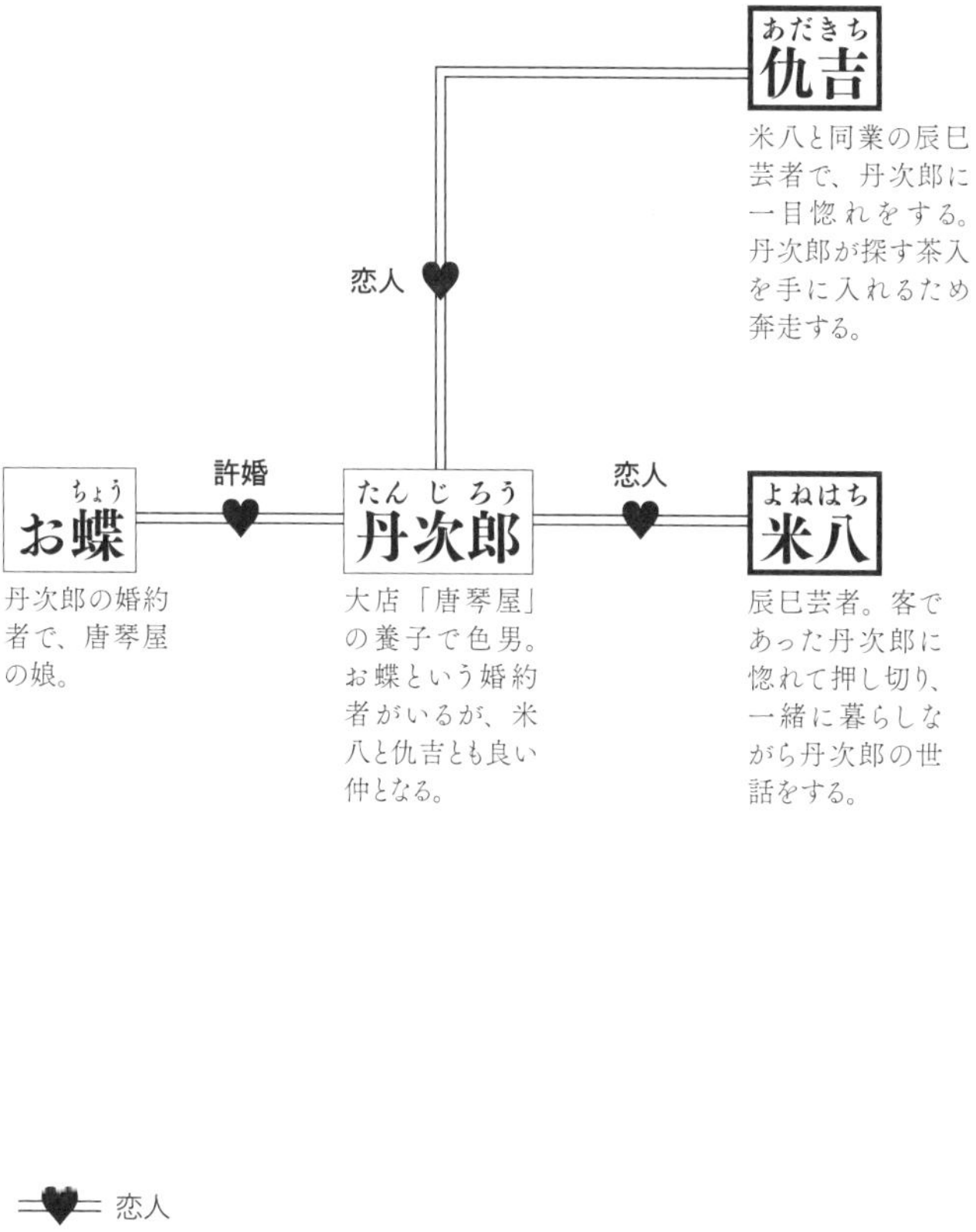
仇吉《あだきち》
米八と同業の辰巳芸者で、丹次郎に一目惚れをする。丹次郎が探す茶入を手に入れるため奔走する。
恋人
お蝶《ちょう》
丹次郎の婚約者で、唐琴屋の娘。
許婚
丹次郎《たんじろう》
大店「唐琴屋」の養子で色男。お蝶という婚約者がいるが、米八と仇吉とも良い仲となる。
恋人
米八《よねはち》
辰巳芸者。客であった丹次郎に惚れて押し切り、一緒に暮らしながら丹次郎の世話をする。
恋人

## これはつまり「江戸版バチェラー」である

歌舞伎における、わかりやすい女の争いといえば『梅ごよみ』である。御多分にもれず、一人の男（ダメ男寄り）をめぐって女性がその本性を剥き出しにしていく話だ。男の名前は丹次郎。とにかくイケメン。遊女屋「唐琴屋」の養子という身分で、穏やかで誰にでも優しい。と言えば聞こえは良いが、八方美人で優柔不断、そして浮気症で来るもの拒まずといった男。本作には彼を取り巻く女性が三人登場するが、全員恋人である。つまり三股をかけている。うち二人は深川の芸者で、彼女たちは「芸は売っても色は売らない」という、確固たるポリシーを持った辰巳芸者（深川が江戸の東南、つまり辰巳の方角にあったことから）だ。名前は米八と仇吉。男のような名前を名乗り、当時は男性のものだった羽織を着こなし（そのため「羽織芸者」とも称された）、きっぷの良い粋な振る舞いで、人目を引く女性たち。現代でいう「サバサバ系」の女性に当てはまるだろうか。彼女たちは何をするにも迷いがなく、恋愛においても、好きな人に恋人がいようとひるまないのだ。

あらすじを紹介しよう。丹次郎は唐琴屋の娘・お蝶と兄妹のような間柄だが、許婚だと言われて過ごしてきた。しかし養父母が亡くなると、番頭の策略によって丹次郎は唐琴屋を追い出され、お蝶も訳あって家出をしたため、二人は疎遠となる。そんな中、丹次郎は芸者の米八と恋仲になり、生活に困っている様子を見かねた（つけ込んだ？）米八が、「私が世話をするから」と、吉原から深川へ住み替えして所帯を持ったという訳だ。

そんな丹次郎は、ある日お蝶と偶然再会し、それをきっかけに頻繁に会うようになる。まだ幼く妹のようだったお蝶は少し会わない間に大人びてきて、許婚であることを互いに意識している。今日も二人が茶店で仲良く話をしていると、船でやってきた米八と遭遇する。米八は自分に隠れてお蝶とデートをしていることに嫉妬し、自分が丹次郎と良い仲であることを、わざとアピールする。二人の関係を知らなかったお蝶だが、牽制してくる米八にも怯《ひる》まない。一方、間に挟まれた丹次郎は慌てるばかり……。おまけに、さらなるライバルがタイミングよく出現している。同業の仇吉が、丹次郎の美しい顔を見て一目ぼれしてしまったのだ。恋の火蓋が切って落とされた瞬間だった。

この殺伐とした状況が、話の冒頭である。この話は簡潔に言えば、三人の女性たちが、丹次郎に選ばれるため、つまり結婚相手の座を勝ち取るため、熱い火花を散らす恋愛ゲーム。これはまさしく、歌舞伎版「バチェラー」ではないだろうか。

「バチェラー」とは、二〇〇二年に全米で放送が始まった恋愛リアリティーショー（原題は『The Bachelor』）のことである。イケメンで、且つ社会的地位を確立している独身男性の元に異性が集まり、バチェラー（独身男性という意。女性版はバチェロレッテと呼ぶ）の心を勝ち取るためにゴージャスでロマンチックなデートをしながら、過酷なバトルを繰り広げていくというもの。「婚活サバイバル番組」というコピーの通り、一人のハイスペックな男性のハートを射止めるため、ときに色香を武器に、ときに体当たりで男性にぶつかっていく番組だ。

丹次郎も、少し頼りないが、自然と女性たちが寄ってくる華があること、今は落ちぶれているが、実は大店の養子という身分なので、バチェラーになる資格はある。最後に一人の女性を選ぶという展開も、バチェラーのルールと同じだ。

もちろん、この『梅ごよみ』は歌舞伎作品であり、ただ恋愛話に終始する訳ではなく、丹次郎の主人筋が紛失したお家の重宝を探すという設定もあるには、ある。しかし、そのお家騒動のくだりを忘れてしまうほど、一人の男性をめぐる、女性同士の意地の張り合いに目がいってしまうのだ。

参加者は三人と言いつつも、中でも血眼になって争うのは辰巳芸者の二人だ。彼女たちは、相手を蹴落とすために必死なので、そのため多少自分の評価を落とすこともいとわない。数々の作戦を展開し、ついには直接対決にまで及ぶ。しかし、バチェラーこと丹次郎が最終的に選ぶのは……。

## 踏み付け、蹴落とし、斬りかかる女性たち

ひとまず、二人の闘いをみてみよう。まず古参の米八は、とにかく丹次郎が生活に困らないように尽くす。ボンボンでありながら、今は勘当同然の身。自分が働いたお金で丹次郎の生活全般を引き受けている。すると新参者のライバル仇吉は、丹次郎が何をしたら喜ぶかを考え、「丹次郎が主人のために探しているお家の重宝である茶入を手に入れる」というミッションのために奔走する。ここから仇吉の快進撃の始まりだ。

苦労の末、仇吉は茶入を所持する男の手がかりを掴んだので、丹次郎を呼び出し、まずは喜んでやってきた彼に、仕立てておいた羽織を着せてやる。酒を飲みながら、しっぽりと語り合い、仇吉が簪《かんざし》で丹次郎の髪を直す仕草など、大人のムードを漂わせている。このまま良い雰囲気になりそうなところだが……ぶち壊したのは、血相を変えてやってきた米八だった。到着するなり「おや丹さん、いいお羽織をお召しだね。まあ一寸ぬいで私に見せてくんねえ」と、プレゼントされたという高価な羽織を丹次郎から剥

ぎ取り、下駄で踏み付け、大変な修羅場をみせてくれる。深川の売れっ子芸者二人の激しい女の闘いは、スクープ記事として瓦版にも掲載されてしまうのだ。

「バチェラー」に登場する女性たちも、はじめは自分を選ぶとこんなメリットがある、と言わんばかりの猛アピールをする。それがやがて、自分も脱落するのではないかという焦りが出ると、他の有力な候補者を蹴落とす作戦へと移行する。いつの間にか、誰が選ばれるかというより、誰と誰が争うかに視聴者の興味が移るのだ。まさに仇吉と米八の一騎打ちも同様で、目が離せない。

騒ぎの後、仇吉はめげることなく丹次郎の家を訪ね、ある重大な決意を告げる。それは探索中の茶入を、今度こそ手に入れる予定であること、この大事なミッションを遂行する代わりに、腕に彫られた〝米八命〟という入れぼくろを「ここですっぱり消しておくれな」と懇願する。すると丹次郎は、米八への恩はあるものの今は仇吉が頼りだと思い、腕を差し出す。火鉢に差し込んだ簪を抜いた仇吉は、その先端を入れぼくろへあてて焼き消すのだった。

その後も、米八が仇吉のいる座敷に下駄を投げ入れたり、その仕返しに、仇吉は投げ入れられた下駄で米八の頭を打ち据えたり、最終的に米八は、とうとう仇吉を待ち伏せし、斬りかかるという凄まじい闘いが繰り広げられる。深川芸者の意地のぶつかり合いはどちらも引くことはなく、激しい争いとなるのだった。

そこへ割って入ったのは丹次郎ご本人。「仇吉が手に入れた茶入は、実は真っ赤な偽物で、本物は既に取り返した」というまさかの展開になるのだ。茶入を取り戻したことで、主人も無事に帰参が叶い、喜ぶ丹次郎を見たことで仇吉、米八のわだかまりもあっという間に解ける。仇吉が「こうしてことが丸く収まってみると、米八さん、こりゃ私が悪かったね」と言えば、「そう言われると私も面目ありゃしねぇや」と素直に謝るところが、二人の清々しさだ。

肝心の四角関係の行方はというと、丹次郎は、お蝶との祝言を進めるというあっけない結末。元恋敵であった仇吉と米八は意気消沈しながら両人を見届けるのだった。

## イケメン男よりも、ぶつかりあえる一生の友

この展開は、大方予想がついていたかもしれない。女性たちが本能剥き出しでアピールをすればするほど、男性は引いていく。そして、正反対の奥ゆかしい女性候補の存在が新鮮に見えて、結局はそちらを選ぶという結末だ。

しかし恋のデッドヒートを繰り広げた挙句、この二人は「丹次郎が喜ぶ顔を見て」仲直りするというところが、実に微笑ましい。おそらく、二人は「丹次郎と付き合って結婚する」という明確な目標があり、彼女たちの性格上、達成するまでは周囲が見えなくなっていただけなのだろう。ラストシーンで、決闘までして結局はお蝶が選ばれた結果になっても「悔しい」「丹次郎さんは見る目がない！」と言うのではない。ただただ、言葉が出ない、脱力してしまう状態で出たセリフは「しらけるねえ」だったのだ。今まで何のために熱くなっていたのだ？と現実に戻った瞬間だ。

歌舞伎の中で、芯の強さはあってもそれを前面に押し出す（ような）女性は少ないし、そもそも誰かに掴まっていないと倒れてしまう女性がなんと多いことか。しかし二人は、現代人が憧れるような自立した女性だ。米八は、この時代に自分の芸で生計を立て、好きな人を養う経済力があった。仇吉は、お家騒動で実際に行動するのは男性だと相場が決まっているが、身の危険を冒して家宝の茶入の捜索を買って出た。二人の「あるべき女性像」にとらわれない生き方、その行動力は魅力的だし、勇気をもらえる。

女性としての逞しさを持つ彼女たちは、サバサバ〝系〟女子ではない。変な男に引っかからないための武装や、女性に嫌われないための処世術としてではなく、芯からさっぱりとしていて、自分の気持ちに正直に生きている。彼女たちからすれば、サバサバ系女子も、ちゃっかりかわいこちゃんも、勝手に女性を守るべき存在だと決めつける男性も、「しらける」対象なのかもしれない。江戸版バチェラーから解放された米八と仇吉が、茶店で毒舌トークに花を咲かせる姿が目に浮かぶ。

　バチェラーに選ばれたお蝶は、きっとこの先も丹次郎の浮気性に悩まされるだろう。しかし散々な目にあった米八と仇吉は、このドロドロの四角関係で学んだことを活かし、良きパートナーとめぐり会えるに違いない。それとも、敢えておひとり様を満喫する道を選ぶのだろうか。目当ての男には辿り着かなかったが、唯一無二の好敵手を見つけた二人のシーズン2を、ぜひサブスクの動画配信サービスで観たいものである。

# 『妹背山婦女庭訓《いもせやまおんなていきん》』「道行恋苧環《みちゆきこいのおだまき》」「三笠山御殿《みかさやまごてん》の場」お三輪《みわ》・橘姫《たちばなひめ》

## ――RPGと女子のトリセツ

作者　近松半二、松田ばく、栄善平、近松東南

初演　〈人形浄瑠璃〉明和八年（一七七一）一月、大坂・竹本座

〈歌舞伎〉明和八年（一七七一）八月、大坂・中の芝居

## 『妹背山婦女庭訓』「道行恋苧環」「三笠山御殿」相関図

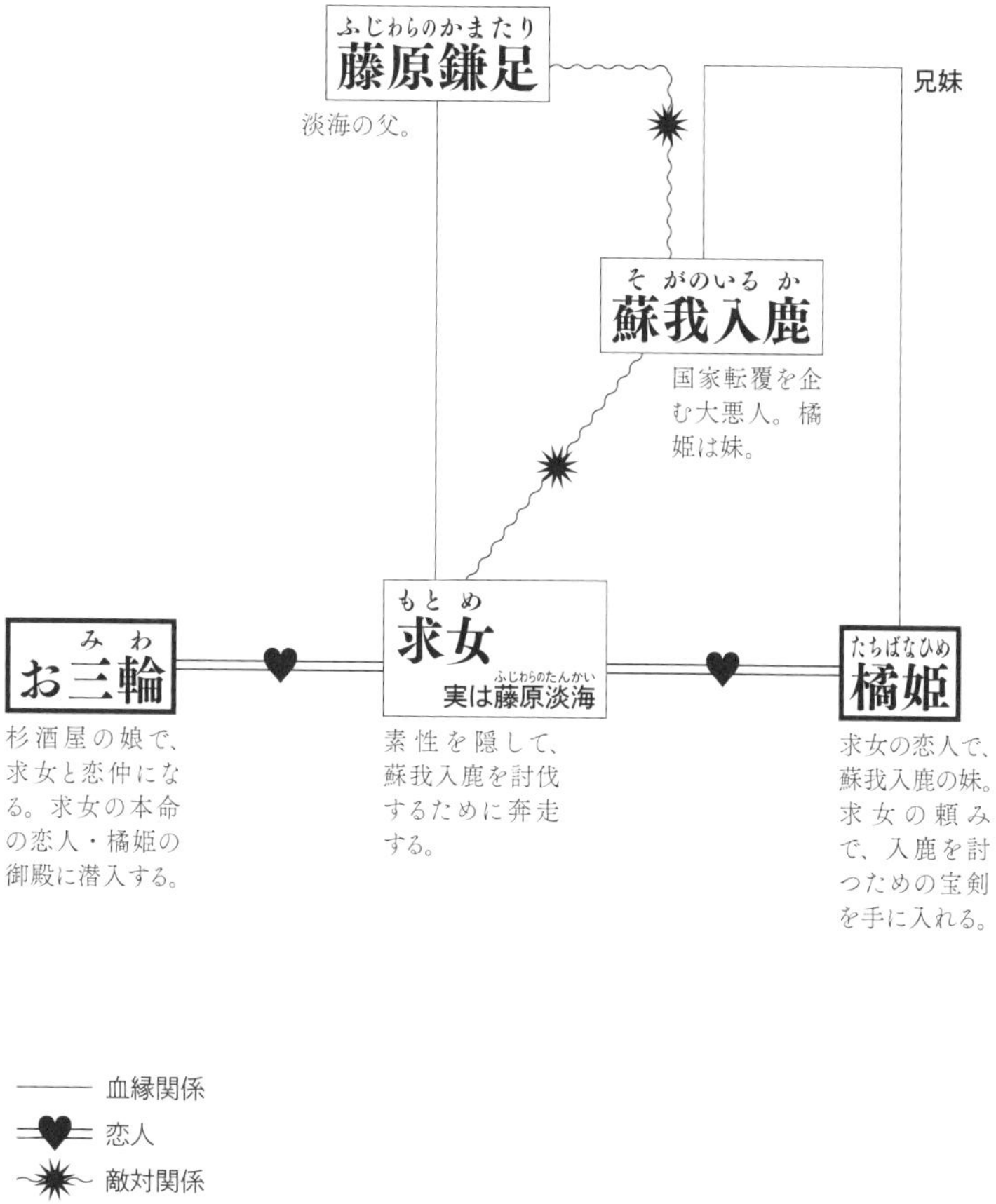

藤原鎌足《ふじわらのかまたり》
淡海の父。
兄妹
蘇我入鹿《そがのいるか》
国家転覆を企む大悪人。橘姫は妹。
お三輪《みわ》
杉酒屋の娘で、求女と恋仲になる。求女の本命の恋人・橘姫の御殿に潜入する。
求女《もとめ》
実は藤原淡海《ふじわらのたんかい》
素性を隠して、蘇我入鹿を討伐するために奔走する。
橘姫《たちばなひめ》
求女の恋人で、蘇我入鹿の妹。求女の頼みで、入鹿を討つための宝剣を手に入れる。
血縁関係
恋人
敵対関係

## これはラノベか RPGか

「この世界を救うためには、君に嫉妬に狂ってもらって、その血を分けてもらうしかないんだ」。そう言われて、はぁそうですか、ではどうぞ、と応じる女性は世の中にいるだろうか。おそらくいないはずだ。ところが歌舞伎の世界には、そうした超献身的で健気な少女が登場する。それが『妹背山婦女庭訓』のヒロイン・お三輪だ。

『妹背山婦女庭訓』は、全五段からなり、大筋は国家転覆を企む蘇我入鹿の暴虐ぶりを、藤原鎌足・淡海親子が討伐するという大スペクタクルである。お察しの通り、歴史の教科書でお馴染みの「大化の改新」が舞台なのだが、浄瑠璃では、史実とかけ離れた要素が盛りだくさんだ。まず入鹿の設定が「父・蘇我蝦夷が白き牝鹿の生き血を妻に飲ませてできた子」なのだそうだ。そのため、彼を倒すには「爪黒の鹿の血と擬着の相のある(嫉妬に狂った)女性の生き血を混ぜて、魔笛に注ぎ、これを吹く」しかないという。なぜなら入鹿には鹿の本能が宿っているので、自然と鹿の性質が現れて、その色音に感じ入って力を失うからだという。

近刊のライトノベルや、RPG顔負けの設定が、明和八年(一七七一)に人形浄瑠璃で上演されていたとは驚きだろう。芝居は大当たりとなり、同年歌舞伎に移入され、今日まで人気を博している。その理由は、淡海が魔物退治に奮闘する姿がカッコイイからでは決してない。入鹿を倒すためのアイテム探しに奔走する淡海に関わる人々、その犠牲になる女性たちの悲哀に胸を打たれるからに違いない。

概略を説明しよう。頻繁に上演される段は、五段のうちの三段目「吉野川」と四段目「道行恋苧環」「三笠山御殿」である。「吉野川」は現代版ロミオとジュリエットと言われ、音楽的、芸術的に優れている。川を隔てた二人の男女、雛鳥と久我之助は想い合っているが、家同士の対立により結ばれることが困難で、さらに入鹿の思惑で二人は引き裂かれそうになる。若い二人がお互い死を選び、首だけの嫁入りをするラストシーンは、ただただ泣ける。美しい二人の魂は天国で結ばれているはずだ。

しかし四段目、お三輪が主役の段は、少々趣きが異なる。端的に言うと、純粋な町娘が、彼氏の浮気を確かめようと追跡したらクロで、二人が浮気相手の家に行くのを追いかけて潜入したものの、浮気相手の家のお手伝いさんたちに散々にいじめられ、突然出てきた大男に刺され、冒頭の台詞「君の嫉妬が世界を救う」と言われるという話だ。

これはSF超大作なのか、サイコホラーなのか、恋愛ドラマなのか、困惑した読者も多いだろう。ひとまず「道行恋苧環」「三笠山御殿」のストーリーをみていただきたい。

## A面／町娘・お三輪の場合

杉酒屋の娘・お三輪は、近所に引っ越してきたイケメン烏帽子売りの求女《もとめ》という男性に恋をし、やがて彼氏彼女の関係になる。今日は七夕で「大好きなあの人とずっと一緒にいられますように」という願をかけながら、苧環《おだまき》（小型の糸巻き）を供えている。現在も七夕と言えば織姫と彦星カップルが思い出されるように、機織りの織姫にあやかっている。恋する少女たちは七夕に裁縫の上達と恋愛成就を願う風習があり、この話のモチーフが苧環なのはそういう訳だ。

お三輪は、両想いの印に自分の苧環と求女の苧環とを交換しようと言う。彼があまり前のめりでないのを見ると、お三輪に失恋フラグが立っているのは明らかだ。さらに、求女は二つ嘘をついている。一つは、その正体は烏帽子折りではなく、蘇我入鹿討伐のために奮起している藤原淡海であること。もう一つは、他に彼女（おそらく本命）がいて、二股をかけているということだ。その恋敵というのは、容姿、身分、言うことなしの橘姫という、お三輪と同じ年頃の少女だ。

作者の近松半二は「対立的構成」を描くのに長けた作家だと言われる。先程の「吉野川」も、舞台となる妹山と背山が示すように、母・娘と父・息子、善（純粋な親子）と悪（入鹿サイド）を、はっきりくっきり描いている。そして「道行恋苧環」に関しても、お三輪と橘姫は対照的に描かれるのだ。橘姫の赤の振袖が示す高貴さと、お三輪の萌葱の町娘の拵えは意図的で、初めて三角関係が露見する場面では、求女を中心に、姫VS田舎娘の構図をこれでもかというほど舞踊で見せつける。最終的に、求女が手に持つ白い苧環は橘姫に繋がり、お三輪が求女に付けた赤い苧環はプッツリと切れてしまう。つまり、お三輪の赤い糸は、この時点で既に切れていたのだ。橘姫は求女、実は藤原淡海と自分の御殿へとそのまま直行。何も知らないお三輪は、二人の跡を必死に追っていき、やっとの思いで辿り着く。そこがライバルと恋人の、愛の巣になっていることも知らずに……。

繰り返すが、主役はお三輪にもかかわらず、明らかにスペックの時点で橘姫に軍配が上がっている。しかし読者（観客）としては、そんな普通の女の子が、恋愛の勝者になるという結末を期待している。ハイスペック女子にはない「心の清らかさ」や「立ち向かう勇気」など、説得力には欠けるが声援を送りたくなる唯一無二のアイテムを持っているからだ。

しかし歌舞伎の残酷なところは、読者の支持よりも、スペクタクル性を重視してしまうところだ。お三輪はこの後、御殿の官女たちに徹底的にいじめられ、惨めな気持ちでいるところに、好きな人とハイスペック女子の祝言を上げる様子が聞こえてくるので、嫉妬の権化となったところ、大男に刺されるのであった。その理由が冒頭の通りだ。こんな寝耳に水な話はない。

## B面／蘇我入鹿の妹・橘姫の場合

さて、ここまでがお三輪の視点で見た四段目である。先ほどから、浮気相手だの、ハイスペック女子だのと言われてきた橘姫の立場からも、この話を見つめなければいけない。こちらをサイドBとしよう。お三輪は橘姫と比べ、身分が不釣り合いな町娘だと嘆くかもしれないが、実は彼女も相当辛い立場にいる。なぜなら、橘姫は恋人の宿敵・蘇我入鹿の妹だからだ。

求女とはじめて出会ったときは、互いの身分は知らなかった。しかし先に橘姫が、相手は兄の敵である藤原淡海だと気が付いた。それでも関係を続けたのは、純粋に、相手のことが好きだったからだろう。しかし淡海も、薄々彼女がただの女の子ではないことに気が付いている。橘姫は、後をつけられ、自分が敵の妹だと知られてしまうと、こう言われるのだ。「この世界を救うために、命懸けでお兄さんが持っている宝物を盗んできてくれないか」と。

このとき橘姫の逡巡は計り知れない。「仕事と私、どっちが大切なの?」と聞くような安易な女子には思われたくない、そんな女性の心の内が窺える。橘姫は、意を決して魔物と化した兄の元へ近づき、命からがら、入鹿必殺のアイテムの一つ「十柄の宝剣」を手に入れるのだった。好きな人の役に立てた橘姫は、傷付きながらも笑みを湛《たた》えている。そして入鹿を滅ぼす役に立ったということで、淡海の妻となる。

## 「女庭訓」からはみ出した少女が世界を救う

お三輪と橘姫は、前述の通り、対極にいる女性として描かれているはずだ。しかし、実はそれほど立場や思いは変わらないのではないだろうか。淡い恋心を抱いた相手と相愛になるが、愛してはいけない相手だった。その気持ちはやがて、相手の男性の大願成就のために利用される。

時代物のようなスケールの大きい芝居では、国家安穏、世界平和のために家族や恋人が犠牲になる。この自己犠牲の精神が強ければ強いほど、ヒロインの輝きは増す。それが前提で話が進むので、悪が滅びれば大団円であり、犠牲になった人の魂も浮かばれるという約束だ。忠義のため、国家のため、と大義を振りかざすと、全てが美談に思えてしまう。

自己犠牲の度合いが強いほどヒロインに相応しいという理論から言えば、本作の功労賞はお三輪で間違いない。でも肝心のお三輪は、それを望んでいたのだろうか。受賞インタビューの代わりに、彼女が今際《いまわ》の際に、息も絶え絶えに吐くこの台詞を聞いていただきたい。

「冥加なや、もったいなや、いかなる縁で賤の女が、そうしたお方と暫しでも、枕交わした身の果報、あなたのおためになる事なら、死んでも嬉しい忝《かたじけ》い」

立派な台詞だ。私のような身分の者が、淡海さんのお役に立てるなんて、最高の気分です。全方位に気を配った、模範的なスピーチである。しかし、お三輪の本音は、続く次の台詞だろう。

「とはいうものの、今一度、どうぞお顔が拝みたい。この世の縁は薄くとも、未来は添うて下さりませ」

国家存亡の危機を救えて嬉しいというのは建前。世界とか忠義とか、私にはどうでもいい。あなたにもう一度会いたい。できるなら来世では一緒になりたい。本当に言いたかったのはこの言葉ではないだろうか。橘姫の奮闘はこの後だが、お三輪の壮絶な最期を受けて、彼女の命を無駄にしないためにも、橘姫は自分が勇気を出そうと決意したようにも解釈できる。これこそ、二人の間に絆ができた瞬間だ。

タイトルに含まれる「女庭訓」というのは、女子はこうあるべきという指針を示した当時の教科書のようなもの。本作は、RPG感覚で世の中を渡っていこうとする男と、そのアイテムになることを強いられ、かくあるべしという教科書に縛られていた女性たちの話だ。しかし結果的には、その女庭訓からはみ出し、思いを貫き通した女の子の物語になっている。『妹背山婦女庭訓』という物語そのものが、数多の女性にとって新しい「女庭訓」として女性の背中を押したに違いない。

## コラム「○○な女」⑤

# 「赦したい女」お幸《こう》—『引窓《ひきまど》』

### 殺人犯でも可愛い息子

自分の子どもが加害者になってしまったら。逮捕されて更生させるべき、と頭ではわかっていても、助ける道はないかと模索するのが母心。その母の気持ちを汲んで、家族総動員で何とかしようとする話が『引窓』(『双蝶々曲輪日記《ふたつちょうちょうくるわのにっき》』)だ。

お幸には養子に出した長五郎という実子と、再婚した夫の連れ子の与兵衛という息子がいる。久々にお幸のもとにやってきた長五郎は、実はお尋ね者の身。しかも縄をかける役目を任されていたのは義弟の与兵衛だった。お幸は何とか逃がしたいと、長五郎の人相書を、与兵衛から買い取ろうとする。母の心を察した与兵衛は、人相書を渡し、隠れている長五郎に聞こえるよう逃げ道まで教える。そして「今日は放生会《ほうじょうえ》(生きとし生けるものを放つ行事)だから」と言って、兄を放つのだった。母は息子を想い、兄は母を想って罪を償おうとし、弟とその妻は母を想って兄の逃亡の手助けをする。全員がお幸のために行動しているところがいい。

引窓とは、昔の家につけられた天窓の明かりとりのことだ。本作では、自分のためではなく、他人を助けるために光を当てたり、わざと見えないように光を遮断したりする装置として、絶妙な働きをしている。

# 六章　「私はこんな外見だから」――ルッキズムに苛まれて

# 『身替座禅《みがわりざぜん》』玉《たま》の井《い》

## ——本当に不美人だったのか？

作者　作詞：岡村柿紅
　　　作曲：七世岸澤式佐・五世杵屋巳太郎
初演　〈歌舞伎〉明治四十三年（一九一〇）三月、東京・市村座

『身替座禅』相関図

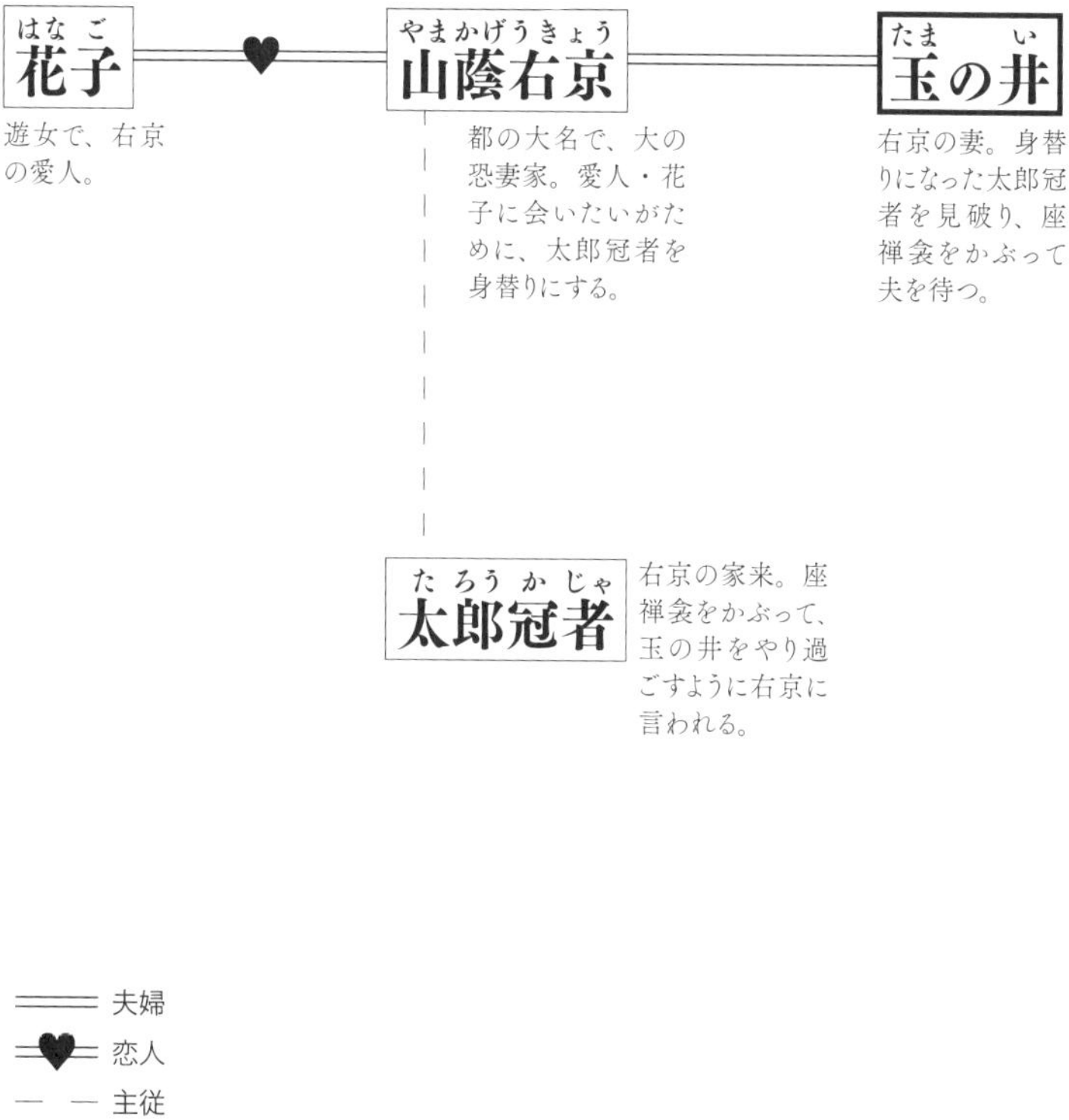
花子《はなご》
遊女で、右京の愛人。
山陰右京《やまかげうきょう》
都の大名で、大の恐妻家。愛人・花子に会いたいがために、太郎冠者を身替りにする。
玉《たま》の井《い》
右京の妻。身替りになった太郎冠者を見破り、座禅衾をかぶって夫を待つ。
太郎冠者《たろうかじゃ》
右京の家来。座禅衾をかぶって、玉の井をやり過ごすように右京に言われる。
夫婦
恋人
主従

# 古典芸能とルッキズム

この章では、難しい問題と歌舞伎作品を絡めて考えてみる。その問題とは「ルッキズム」だ。

なぜ難しいかといえば、ルッキズム（外見至上主義）は、さまざまなハラスメントと同様、捉え方が人によって異なるからだ。あらかじめ断っておくと、実際の作品を取り上げて「この歌舞伎は外見による差別がある」と問題提起をしようという気は全くない。今さら言うことでもないが、江戸文化の成熟期に生まれた作品と、令和のコンプライアンスの基準を照らし合わせてもナンセンスだからだ。

それでも敢えてこのテーマを取り上げようと思ったのは、時代を経ることによって、作者の意図していない部分、演者さえも気付かない表現に引っかかりを覚える人もいるのではないかと思ったからだ。

これから取り上げる三編のうち、まず一番ライトな話として『身替座禅』を挙げたい。はじめに言っておくと、この話はルッキズムではないか！と声を上げるような人に、伝統芸能の良さをご案内する自信はない。その上で作品を紹介しよう。

本作は、狂言『花子《はなご》』を題材に、歌舞伎化した作品だ。狂言とは笑いに特化した芸能で、はじめに登場する人物の台詞「このあたりの者でござる」が象徴するように、特別ではない、今ここにいる人たちの物語である。このあたりの者こと太郎冠者《たろうかじゃ》は、演目によって、お酒が好き、おっちょこちょい、嘘がつけない、なぜかゴタゴタに巻き込まれてしまうなど、どこにでもいるような「普通の人」代表だ。

『身替座禅』の太郎冠者は、まさに上司夫婦のいざこざに巻き込まれる存在であるが、奥方・玉の井は強烈な個性を持った女性である。彼女にスポットを当てる前に、あらすじを説明してみよう。

都の大名である山蔭右京は、大の恐妻家。妻の玉の井が怖くて頭が上がらない。それなのに右京は愛人・花子が京に上るというので、何としてでも妻の束縛から逃れて花子に会うための口実を作ろうとする。妻との必死の交渉の結果、「屋敷内の持仏堂に籠って一晩だけ座禅をする」許可は下りた。そこで右京は家来の太郎冠者に座禅衾《ざぜんぶすま》（ふすま＝座禅のときに被る小袖のようなもの）を被せて身替りにし、こっそりと花子に会いに行くのだった。

しかし全ての企みを玉の井は見破ってしまい、怒って太郎冠者の衾を剥ぎ取り、自らが同じ姿勢で身替りとなり、右京の帰りを待つ。

こんなに危険なドッキリが仕掛けられていることなど知らない右京は、ほろ酔いで帰宅し、花子との甘い時間の一部始終を太郎冠者にのろける。しかし衾を取ってみると、中にいたのは物凄い形相の妻・玉の井ではないか。大慌てで逃げ去る夫を、妻はどこまでも追いかけるのだった。

## 玉の井を不美人に仕立て上げた真犯人を探せ

ビジュアルを見なければ、玉の井は極度のやきもち焼きで、怒らせると怖い存在、くらいのものだろう。

しかし、玉の井は通称「山の神」と呼ばれ、詞章にも「さっても不思議な御面像、鼻は低うてキョロキョロ目、色は真っ黒くろぐろと、深山の奥のこけ猿か」と具体的に説明があるように、器量が良くないことが強調されている。

実際の舞台はどうかというと、まず玉の井は、大抵立役によって演じられる役柄だ。歌舞伎においてこのパターンは、規格外の女性ということを示している。具体例を示すと、先に出てきた『加賀見山旧錦絵』の岩藤や、『妹背山婦女庭訓』の中の、お三輪をいじめる官女たちなどがそうだ。

規格外に強い、大きい、怖い、そして醜い女性を演じるとき、女方のイメージを壊さないよう立役が引き受ける。そのため、顔も体もゴツゴツしていて、女方の拵えをしているのに、なんとなく女装している感が否めない。

では大本の狂言ではどうだろう。狂言は、特別な装置を用いず、化粧もしない演者の表情を楽しむ芸能だ。つまり普通の男や女を演じる場合は、面は用いない。しかし例外として、老人や、動物・鬼などの人間離れした何者かを演じるときにだけ、デフォルメされた面を用いる。この数少ない狂言面の中に「乙」や「ふくれ」と呼ばれる面がある。能楽協会の解説では、「醜女《しこめ》を表すおたふく顔」とあった。

しかし、玉の井はこの面をつけていない。つまり、単なる「女」というパーソナリティーが設定されているだけだ。付け加えるなら、狂言に登場する「女」はわわしい(口やかましい)というデフォルト設定はあるものの、見た目には言及しておらず、口うるさい奥さんと浮気性の夫、その板挟みになる太郎冠者ということしか説明していない。

なるほど、歌舞伎に移植される際に、「奥方・玉の井は不美人」だと強調したことが明らかになってしまった。ということは、容貌で悩む女性たちを敵に回す覚悟で、安直に笑いを取ろうとしていたのか……そう考えるのは早合点だと私は思う。

その理由は三点ある。

一点目は、歌舞伎にも醜女の代表格がおり、それと比べると玉の井は、化粧一つとっても彼女の足元にも及ばないからだ。それは『釣女《つりおんな》』という舞踊劇で、独身男性が花嫁を見つけようとしたところ、釣竿を垂らすと美人が釣れたので、友人が真似をしてみた。すると、まるで失敗した福笑いのような醜女が釣れてしまった、トホホ、という話だ。これこそ、女性を釣るとは何事だ、醜女をオチに使うな！とデモを起こされそうな話である。しかし、役名までも「醜女」とはっきり示しているように、これは単なる役割なのである。前半のフリで、とんでもない美人が釣れたと言っているのだから、お約束としてとんでもない不美人が釣れないと笑いにならない。成立しないのだ。

二点目は、玉の井は器量良しではないけれど、女性から見れば折り目正しく愛嬌があって、夫が好きすぎて心配症なだけの、良い女だと思えるからだ。芝居の中で、右京に対して粗雑な行動を取ったり、意地悪したりするようなシーンは何もない。ただ、夫と片時も離れたくないから外出を許さないだけである。

しかもつい見過ごしてしまいがちだが、座禅衾を取ったら太郎冠者でした、というネタバレの際も、怒りに震えてはいた。が、怒りというよりも哀しみに満ちていて「ちゃんと話してくれたら許可したのに……」と呟いている。ドッキリを仕掛けたのも、夫の嘘にいかに傷付けられたかということを思い知らせるために、悪戯《いたずら》をしたのかもしれない。

そして三点目は、役者は玉の井の顔を作る際、ことさら不細工に化粧をしようとしていない。それは役作りの上で、「不美人だから夫に浮気されている妻」と見られたくない表れだと思う。夫がほろ酔いで帰ってきて、しかもどこの馬の骨ともわからない女性とのラブラブトークを聞かせてくるということが、頭にきただけなのだ。そう考えると、どこにでもいる奥さんだと言っても違わない気がする。

つまり、玉の井という奥さんがいて、顔が醜いからご主人に浮気されてしまった話とは、ニュアンスが違う。このように、ブス＝浮気される、美人＝浮気相手になるという単純な構図に当てはめようとしたのは観客自身なのである。

## もしも『身替座禅』が糾弾されたら

歌舞伎は人を見た目で判断する、判断できる演劇だ。出てきただけで、善人、悪人、大悪人、正義の味方、と化粧や衣裳で見分けることができる。「隈取《くまど》り」と言われる歌舞伎独特の化粧では、赤は正義、青は悪、茶は人外の生き物などの決まりがあり、顔色が白ければ高貴な人、砥粉《とのこ》（肌に近い色）が濃ければ濃いほど悪人寄りだったり、身分が低かったりとルールがある。

『野崎村』や『妹背山婦女庭訓』で説明したように、衣裳の色や形にも、高貴な姫は赤や振袖、田舎娘は萌葱色というパターンがある。これは能狂言の面と同じように、キャラクターの視覚的プロフィールのようなものだ。あらかじめ与えられている役割がはっきりしていることが現代劇との違いで、古典の面白いところなのである。

昨今はどこへ行ってもコンプライアンスが叫ばれる時代で、容姿いじりというのはセンシティブな問題だ。女性芸人、特に顔のインパクトで勝負してきた女性などは、顔芸だけでは通用しないことへの焦りが生まれて、それに伴い他のスキルを上げていこうというポジティブな意見も聞くが、不寛容な世の中を嘆く人もいる。この問題は、立場の違いで意見が分かれるところだろう。

一観客、一視聴者の意見にはなるが、プロの笑いというのは、笑わせることであり、笑われることではない。狂言や歌舞伎の笑いがコンプライアンス云々に結びつけて議論されないのは、人間誰もが持つ失敗やおかしみを非難するのではなく、エンターテインメントに昇華しながら、こんな人がいるよね、という説得力と大らかさがあるからだ。

『身替座禅』がもしグレーだとされる世の中になってしまったら、いよいよ日本人の寛容さ、文化レベル、読解力、全てを疑わなければいけない。

# 『伊勢音頭恋寝刃《いせおんどこいのねたば》』お鹿《しか》

## ——イジリではなくイジメ？

作者　近松徳三

初演　〈歌舞伎〉寛政八年（一七九六）七月、大坂・角の芝居

『伊勢音頭恋寝刃』相関図

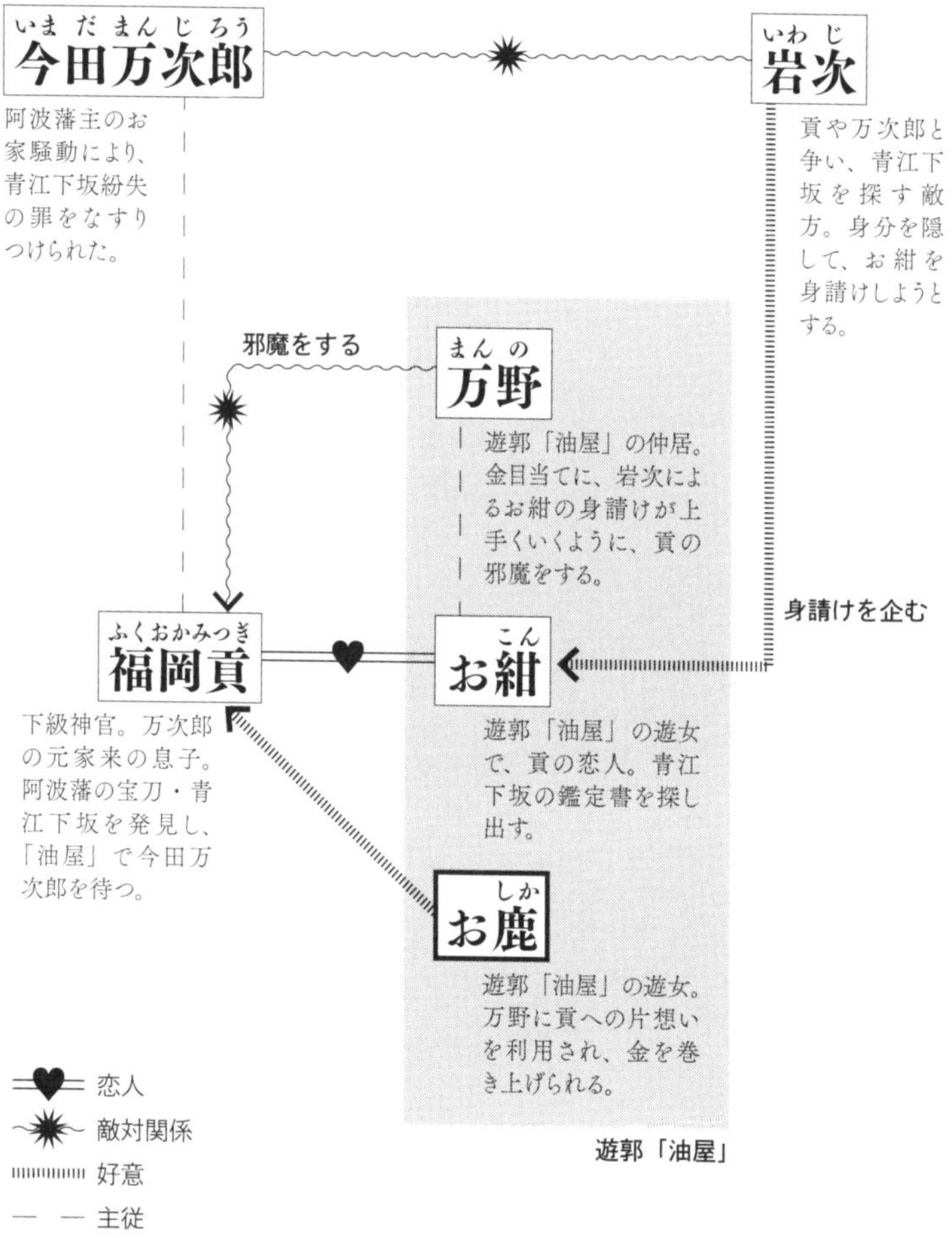

今田万次郎《いまだまんじろう》
阿波藩主のお家騒動により、青江下坂紛失の罪をなすりつけられた。
岩次《いわじ》
貢や万次郎と争い、青江下坂を探す敵方。身分を隠して、お紺を身請けしようとする。
邪魔をする
万野《まんの》
遊郭「油屋」の仲居。金目当てに、岩次によるお紺の身請けが上手くいくように、貢の邪魔をする。
身請けを企む
福岡貢《ふくおかみつぎ》
下級神官。万次郎の元家来の息子。阿波藩の宝刀・青江下坂を発見し、「油屋」で今田万次郎を待つ。
お紺《こん》
遊郭「油屋」の遊女で、貢の恋人。青江下坂の鑑定書を探し出す。
お鹿《しか》
遊郭「油屋」の遊女。万野に貢への片想いを利用され、金を巻き上げられる。
遊郭「油屋」
恋人
敵対関係
好意
主従

## 見せ場ではない、あのシーンにモヤッとする

いつの頃からか、どうしても心に残る、どちらかと言うとモヤモヤする女性キャラクターがいる。それが『伊勢音頭恋寝刃』のお鹿だ。

彼女はいわゆる「不美人」として描かれ、道化方のように扱われる女性だが、前述の『釣女』に出てくる醜女のような、瞬間風速的に笑いをとる役割ではない。そして都会のお染に対する田舎のお光、高貴な橘姫に対する町娘のお三輪のように、「スペックより性格」を強調された素朴なヒロインでもない。お鹿は、物語の中盤に主役たちの人間関係に割って入るも、さほど重要な役割も与えられずに去っていく脇役なのである。

なぜモヤモヤするのかと言うと、お鹿には「何か背負うものがありそう」と匂わせておきながら、周囲の扱いが雑だからだと思う。だからこそ、私は彼女のこれまでの人生や、そのとき何を思って行動していたのか、勝手に思いをめぐらしてしまうのだ。お鹿にここまで入れ込んでしまうのは、なぜなのだろう。このモヤモヤと、彼女のことが気になってしまう原因を探っていきたい。

『伊勢音頭恋寝刃』は寛政八年（一七九六）五月、伊勢国（現在の三重県東部）・古市

の遊女屋「油屋」で起こった殺傷事件を元にした物語である。その事件とは、地元の医者・孫福斎《まごふくいつき》が遊女のお紺と飲んでいたが、途中で阿波国の藍玉商人の座敷へ移動したことに腹を立て、孫福斎が九名を殺傷し、二日後に自害したというもの。作者の近松徳三は、この事件から三日で本作を書き上げたという。

　と言っても件の事件はモチーフとなっただけで、主人公は福岡貢という伊勢の御師（下級の神官）に書き換えられ、宝刀「青江下坂《あおえしもさか》」をめぐる騒動という大筋に仕立てている。

　歌舞伎では、貢が名刀に取り憑かれたかのように、無差別に人を斬っていくラストシーンが強烈な印象を残す。恐ろしくも美しい貢の狂気、白い浴衣に飛び散る赤い血のコントラストなど、視覚に訴える芝居だ。

　一方、色男の貢と、立場の異なる女性たちとのやり取りを見つめる芝居でもある。歌舞伎のキャラクターの類型としてもバラエティーに富み、際立つ個性の女性たちが次々に登場することで作品に奥行きが増し、単なる大量殺人事件に終わらせていないところが、本作が人気である秘訣かもしれない。物語を読み解くためにも、そのキーとなる三人の女性を紹介してみよう。

　一人目は、仲居の万野だ。古市の遊郭「油屋」の仲居で、貢のやることなすこと邪魔をする、いわば敵役。油屋には貢の恋人であるお紺という遊女がいるので、万野は貢にお紺を呼ぶように頼まれても「阿波の客が身請けするから」と会わせないし、青江下坂の詮議にも非協力的だ。わかりやすく言うなら、目立ったことはしないが陰で人を操る女ボス。熟年の貫禄と口舌で部下を巻き込むような、したたかな女性だ。貢を苛立たせた末、一番に斬られる運命にある。

二人目は、その油屋抱えの遊女であり、恋人のお紺だ。貢に献身的に尽くす女性で、正義感が強い。貢が苦労の末に刀を手に入れるが、刀の折紙《おりかみ》（鑑定書）が見つからずに困っているところ、遊女の立場を使って入手する。美人で、仕事もできて、恋人想いという完璧な女性だ。ザ・ヒロインの存在感がある。

三人目が、待ってました、お鹿である。先の二人が物語の根幹に関わる女性ということに比べて、彼女が登場するのはワンシーンだけだ。外見はおたふくのような愛嬌フェイス。「気立てのお鹿と器量のお紺」と自ら言うように、見た目はともかく、コアなファンがついていると予想される。

彼女は、お紺に会いに来る貢に惚れていた。しかしその恋心を万野に利用されて「金が必要だから用意してほしい　貢より」という偽の手紙を度々万野から渡され、実際に金を必死で工面し、万野に預けてしまう。もちろん貢は事情を知らず、名前を勝手に使われているだけなので、金は万野の懐に入っている。

金づるにされただけならまだしも、お鹿は偽の手紙によって、貢が自分に好意を抱いていると思い込んでいた。それが後日、貢本人が登場することで、騙されていたとわかる。しかし、特に解決策が提示されることもない。袖に引っ込んだかと思えば、次に登場するのは、その他大勢の一人として斬られるシーンなのだ。

## イジリじゃなくて、それはイジメです

既におわかりいただけたと思うが、お鹿への仕打ちはひどいものだ。

もう少し状況を詳しく説明すると、万野が貢とお紺を会わせない上、廓に居続けるなら替わり妓（代わりの遊女）を呼べという。本来なら、廓で二人の女性を指名するのはご法度だが、意地悪な万野の策略で仕方なしに貢は応じ、誰でもいいから酒の相手になる女性を呼べと万野に依頼する。そこで万野は、お鹿を呼び出す。

お鹿からすると、ようやく貢から指名してもらえた、自分を呼んでくれたということは、お紺との関係は切れたと思い込んでいる。

　しかし、実際は大失恋の上に大恥をかかされることになる。それもこれも、万野の仕業で、明らかに万野は、お鹿のことを「容貌が優れない上に純粋で騙されやすい、利用しても問題なさそうな女」と見ている。だからこそ、すぐにわかるような偽の手紙を書き、金を巻き上げても罪悪感がない。おまけに、大勢の男たちがいる前で嘘が露見しても、慌てる素振りもない。悪仲間の男たちに茶化されることを楽しんでいるようにも見える。彼らはこう言う。

「（お鹿を選ぶなんて）蓼食う虫もすき〳〵といおうか」
「よほどのへちもの喰いぢゃわい」

　それに対し、貢からのフォローはない。自分が犠牲者だと言わんばかり（確かに何も知らないのだが）の態度である。
　お鹿が、完全に道化としての役割を振られていたら、もっと楽に見られたかもしれない。ただ、お鹿は特別な演出の入らない、純粋に貢との恋が成就できると思っている、一人の女性なのだ。それなのに、お紺とは対極にいる、美人と不美人の扱いや恋の行方の違いをただ見せられることに、モヤッとさせられるのだ。

現代でもバラエティー番組や、例えば合コンの席などでありそうな光景である。場を盛り上げるために誰かの外見を標的にし、度が過ぎた「イジリ」が発生する。そうやって話題を振る側の中には「相手にとってもおいしいし、脚光を浴びるチャンスをやった」という言い分が飛び出すかもしれない。実際、笑いに繋がる場合もあるが、標的になった人間がその場の空気を読んで、やむなく道化を演じたおかげだろう。お鹿を見て切なくなってしまうのは、どちらかと言うとこの感覚に近い。

お鹿は自分の容貌について自覚的であるが、コンプレックスに感じているというより、その親しみやすさを武器にしているように思える。そんな彼女に対して、万野をはじめとする廓の人間が、寄ってたかって容姿いじりをするのは、お鹿の健気さを踏みにじる、どこか暴力的な風景に見えてしまうのだ。

## お鹿が報われ、モヤモヤが吹き飛ぶ結末を考える

容姿の良し悪しというのは、その人の主観であり、美人不美人の正解は厳密に言うとない。岡本太郎が「美ってものは、見方次第なんだよ」という言葉を残しているが、ま

さに美の基準というのは人それぞれだ。身長の高低、太っている痩せている、目が大きい小さい……理想のビジュアルは人によって違う。しかも、美の基準は時代によっても変化するし、国によっても異なる。そもそも優劣をつけるものではないのだ。

『伊勢音頭恋寝刃』のお鹿の登場の仕方にモヤッとする理由のもう一つは、お鹿の外見について注目させておきながら、その回収がされていないことだ。

散々容姿いじりをしておいて、物語の都合で退散させられた挙句、ただ寝ているところを正気でない貢に斬られる。それも、大勢のうちの一人、不運な被害者Aとしか書かれていない。そう考えると、廓のシーンも、それこそお辰の清涼剤案件と変わらない、雑にいじられ、「笑わせる」のでもない、「笑われる」だけの存在を見せる場面に思えてしまう。だから観客の立場としても、笑っていいのか、笑ってはいけないシーンなのかが非常に難しいのだ。演者にとっても、お鹿が難役と言われるのも頷ける。

お鹿は、コンプレックスがあっても逞しく生きてきたものの、騙され、傷つけられ、好きだった男性に意味なく殺されてしまう。私たちに何かを考えさせる時間もなく、あっけなくいなくなるのだ。

ここへきて急に怯むようだが、お鹿の内面を掘り下げたり、擁護しようと熱弁を振るったりすると「空気の読めない人」「洒落の通じない人」呼ばわりされるかもしれない。

誤解のないよう言っておくと、私は「外見差別への問題提起」をしたいのではなく、お鹿に対していろんな感情を持つ人がいる、と言いたいだけだ。

では私は、あのときお鹿が辛い思いをした後、どういう展開を期待していたのか。全く別の物語になるが、お鹿の前に突然魔女がやってきて、「お前の見た目を変えてやろう」と言い、お鹿の顔をお紺にも負けない美しい女性に変身させる展開か。それとも、自分のことを笑った廓の者たちを片っ端から斬り殺していき、主役に躍り出る結末か。どれも違う気がする。彼女は自分の長所に気が付いているのだから、そのままの姿で幸せになれるはずなのだ。

純粋なお鹿が、全力で肯定され、全女性が勇気をもらえるような、そんな結末をふと考えてしまう。

# 『日本振袖始《にほんふりそではじめ》』岩長姫《いわながひめ》

## ――悩める神様の本当の願い

作者　近松門左衛門

初演　〈歌舞伎〉享保三年（一七一八）二月、大坂・竹本座

## 『日本振袖始』相関図

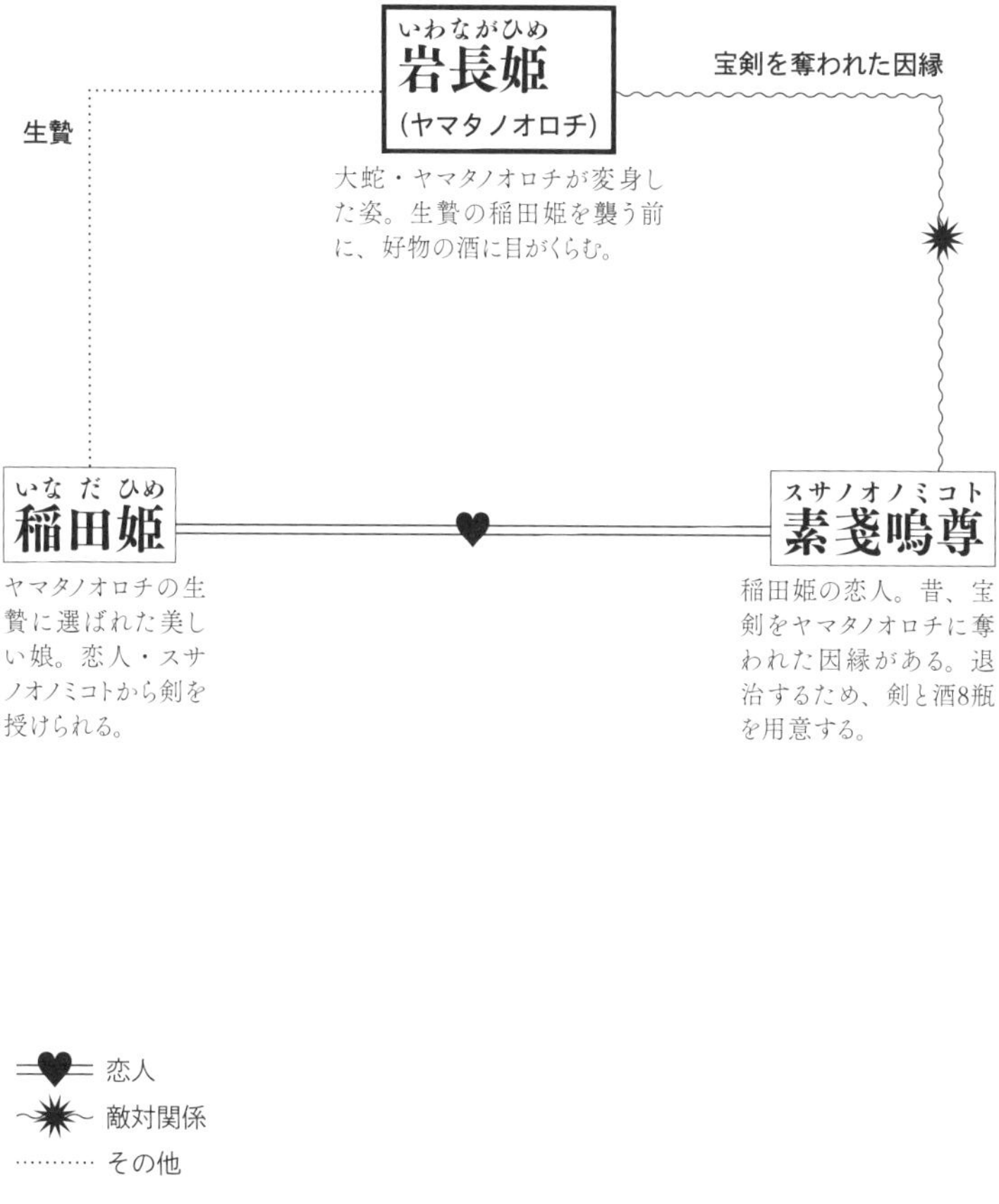
岩長姫《いわながひめ》
(ヤマタノオロチ)
大蛇・ヤマタノオロチが変身した姿。生贄の稲田姫を襲う前に、好物の酒に目がくらむ。
宝剣を奪われた因縁
生贄
稲田姫《いなだひめ》
ヤマタノオロチの生贄に選ばれた美しい娘。恋人・スサノオノミコトから剣を授けられる。
素戔嗚尊《スサノオノミコト》
稲田姫の恋人。昔、宝剣をヤマタノオロチに奪われた因縁がある。退治するため、剣と酒8瓶を用意する。
恋人
敵対関係
その他

## 神話を下敷きにしたルッキズム作品!?

先の二作品に比べて、完全なるルッキズムを指摘できる作品がある。それが『日本振袖始』だ。古事記を下敷きにした「大蛇退治」が根底にあり、ストーリーは神話を元にしている。登場人物も歴史に名を残す強者たちであるが、物語は正義のヒーロー・素戔《スサノ》嗚尊《オノミコト》が八岐大蛇《ヤマタノオロチ》を懲らしめ、生贄になっている稲田姫を助けるというシンプルなものだ。端的に言えば、大蛇という「悪」を、素戔嗚尊という「正義」が成敗し、美しい女性を救出するという、勧善懲悪にラブストーリーを絡めた、古今東西に共通する童話のような世界。どこにルッキズムという、現代社会の膿のような問題が潜む余地があるのか、とお思いだろう。しかし本作は、よくよく検証すると、単なる大蛇VSヒューマンの大スペクタクルショーとは片付けられない。女性の生きにくさ、哀しさを、少なくとも私は考えさせられた作品である。

この作品の面白いところは、主人公は滅ぼす側の素戔嗚尊ではなく、滅ぼされる側の八岐大蛇なのである。懲らしめられる側の、しかも大蛇が主役なのかと驚くかもしれないが、大蛇といっても実は女性が変化した姿なのだ。大蛇に転じたのは岩長姫という神で、ある理由から蛇体となり、時代を経て人間生活を脅かす存在となっている。そのある理由とは、次の通りだ。

有史以前の出雲の国。山の神・オオヤマツミには二人の娘がいた。姉はイワナガヒメ、妹はコノハナサクヤヒメと言う。ある日、アマテラスの孫に当たる神・ニニギノミコトはコノハナサクヤヒメの美しさに惹かれ、結婚を申し込む。父の許可を得ようと相談したところ、オオヤマツミは喜んで受け入れ、さらなる繁栄を願って姉のイワナガヒメも一緒に嫁入りさせる。しかしニニギノミコトは、姉妹を見てびっくり。イワナガヒメの顔があまりにも醜いと言い、姉だけを追い返し、コノハナサクヤヒメと結婚したのだ。イワナガヒメはその哀しみが引き金となり、蛇と化してしまった。

ちなみにこの前段に当たる話は、本編では上演されない。なぜならこの『日本振袖始』は、大蛇退治の伝説と、イワナガヒメ（岩長姫）とコノハナサクヤヒメ姉妹の逸話を、近松門左衛門が独自に繋げた物語だからだ。つまり、イワナガヒメが後に八岐大蛇になったという伝説はない。主役の岩長姫は、その生い立ち（設定）だけを借りているので、舞台に登場するのははじめから〝美しい〟岩長姫なのだ。そのため、観客は岩長姫にそんな過去があったとは、想像しにくくなっている。

## 岩長姫の変貌ぶりはまるで整形？

それではなぜ、岩長姫ははじめから美女という設定なのか。興行的な理由（主役の女方は美しい方が良い）はさておき、ファンタジーとして解釈すると……岩長姫は憎しみのあまり大蛇となる力を持っているのだから、外見を変えるくらいお手のもの。なりたい自分に変化する能力を使ったのではないか、というのが持論である。どうせ変わるなら、自分を馬鹿にした男たちを見返すような美女になろう。そう思ったのかもしれない。

彼女が大蛇になる前は、外見のせいで結婚を断られ追い返されても何も言えなかったのだから、大人しく消極的な女性だったと想像する。それが、美人の生贄を用意しろ、お前たち村人の言うことは聞かない。私を倒そうとする者には容赦しない。そう言ってのける強い女性に生まれ変わっている。

私はこの岩長姫の、外見による内面の変化に触れたとき、これは現代に置き換えるならば「整形したことで生まれ変わった女性」ではないかと思った。人間は、特に女性は、外見と内面というのは密接に繋がっている。例えば、髪型や洋服、化粧が自分の納得がいかない状態で外に出てしまうと一日気分がのらない、体型が変わったから外に出られない、突然顔のパーツが気になり出したから学校に行きたくない……外見が内面を支配する状況は多々あると思う。人からの「気にすることないよ」という言葉は、好きな人からの言葉でもない限り、全く意味を成さない。それほど、本人にとっては人生を左右すると言ってもいいほど重要な要素なのだ。

恋愛や結婚、就職がうまくいかないのもルックスが原因に違いない。人とのコミュニケーションが円滑にいかないのも、人生がうまくいかないのも、全て見た目のせいだと思ったら……岩長姫のように魔力でどうにかする、という解決方法は難しいので、現代の女性は「お金を払って顔を変える」という選択に至るかもしれないという考えがよぎった。

とはいえ、日本において整形というのはハードルが高い。外見を変えるという行為には、さまざまな手法がある。メイクをする、髪を切る、歯を矯正する、それらは簡単に受け入れられるのに、整形だけは、社会規範、倫理観と関わる側面がある。「私は整形しています」と公表する人はまだまだ少ないし、芸能人が整形をしているという噂は、週刊誌の格好の餌食だ。そもそもカミングアウトする人自体が少ないのも、整形は反則だとどこかで思う人が多いからなのかもしれない。それはなぜなのか。

まず、整形は「美容」とつくが医療行為である。どこか疾患がある訳でもないのに、体にメスを入れることは不自然ではないかという意見もあるだろう。

　個人的には、岩長姫がそうだったように、本人が前向きに生きられるのであれば、何か科学や医療の力に頼ることは問題ないと思うし、怪我を治すのが形成外科であるなら、心を治す美容整形外科に頼るのはありではないだろうか。それに、自分の現在の悩みを解決する方法をまず考えるべきであって、未来はどうなるかわからない。とにかく当事者でもないのに、整形したらおしまいだなどと、無責任に他人が口を挟むことではない気がする。もちろん、今の自分に満足できないなら整形がおすすめ、と言いたい訳ではない。それしか方法がないというときに、社会がもっと寛容であったらと思うだけだ。

　しかし、若年層への安易な手術を促す風潮だけはどうにも賛同できない。最近の美容クリニックの広告で「Ｔｅｅｎ二重術３９０００円／たった3年の高校生活。1秒でも長くカワイイ私で過ごしたい」というコピーには愕然とした。眩しい若さで青春を謳歌する姿こそが「カワイイ私」だよ……と思うのは私だけではないはずだ。が、未だなくならない外見至上主義、外見によるいじめや差別があるからこそ、若者にまで「整形して自信を持って」というメッセージを送る世の中になったのだろう。若さこそがどんなメイクよりも美しい、そのままの自分が一番個性的で「カワイイ」と誰もが思えていたら、こんな広告は不要なはずだ。

人をまず外見で判断する、という風潮がなくならない限り、美しくなりたい、ならなければ幸せになれないという思い込みが蔓延し、それにつけいるような新手のビジネスが生まれ続ける、そのことを目の当たりにしてしまった。

## ところで岩長姫の外見、気になりますか

話を作品に戻すが、私が岩長姫の哀しさを一番感じるのは

「この国の、みめよき娘を絶やしてみせん」

という、岩長姫が生贄の稲田姫に襲いかかる場面の台詞である。彼女が美人に執着するのは、自身のコンプレックスから発生していると思うと、なんと切ない台詞なのか。なぜ生贄には「美女に限る」という条件を付けたのだろう。考えられるのは、そもそも美女が憎かったから。妹のコノハナサクヤヒメは、その生まれ持った美しさから、周囲から無条件にちやほやされ、ニニギノミコトにも一目惚れされた。努力せずとも得ら

れる幸せが人より多いように映ったのかもしれない。それに比べ、岩長姫は割りを食っていた。もしかすると妹が人より美しいせいで、なぜか不美人に見られがちだった可能性もある。もしくは、単にニニギノミコトの好みではなかっただけかもしれない――この時代の美の基準が定かではないこともあり、本当に醜かったのかは誰にもわからない。自分の容貌がコンプレックスだった上、追い打ちをかけるように自分だけ結婚を断られ実家に帰されるという屈辱的な事件が起きてからは余計に、美人に対して憎しみを持つようになったのだろうか。もしそうなら、一人でも多くの美人をこの世から消してやろうと思うのは自然な流れかもしれない。

しかし、その思い自体が今の世では打ち消されている。というのも、今でも全国に岩長姫を祀った神社があるが、そのご利益を調べると、なんと良縁の神様だというからだ。岩長姫は自分が哀しい失恋をしたので、他の女性たちにはこんな思いをしてほしくないから、という理由が記されていた。民間伝承に過ぎないこととはわかっているものの、岩長姫擁護派の私としては、なんとも嬉しい伝説である。

ではなぜ、岩長姫は「美人狩り」をしようと思ったのか。きっと、美人狩りをすることで、日本から美人をどんどん減らしていき、外見ばかりで女性を選ぶ男性を苦しめようとした――というのが私の解釈だ。美人の平均を落とし、外見だけで判断するニニギノミコトを含む男性に、女性の持つ外見以外の魅力、その人に備わる個性に目を向けるよう願ってのことだったたと仮定しよう。私の中の岩長姫像がますます神格化されていくではないか。

最初から最後まで、好き勝手な解釈をしてしまったが、こうして自由に余白を埋めて楽しめることも、歌舞伎が懐の深い芸能であるからだ。

それにしても「外見コンプレックスに悩んだ岩長姫を蛇体化させる」という、大胆な試みの背景にはどんな思惑があったのか。今後もこの作品を鑑賞するたびに、近松の残したメッセージに想いを馳せていくだろう。

## コラム「○○な女」⑥

# 「誘惑する女」雲《くも》の絶間姫《たえまひめ》―『鳴神《なるかみ》』

### 女の武器は使うべし。手段を選ばぬキャリアウーマン

雲の絶間姫は、不思議な存在である。『鳴神』に登場する絶世の美女だが、〃姫〃と付くのに深窓の令嬢ではないどころか、上司の命令に従順なバリバリのキャリアウーマンだ。

今回のミッションは、朝廷が約束を破ったせいで「もうこの先雨を降らせないからね」とへそを曲げてしまった鳴神上人の心を掴むこと。手段を選ばない絶間姫は、上人を酒で酔い潰し、抜群の演技力でいつの間にか自分の胸元に手を入れさせたが最後、破戒させてしまうのだ。

女性の魅力を使って男性を攻略するという筋は、本書で批判するには十分な内容だ。ただ、この話を「女性の性を利用された話」と深掘りする気にはとてもなれない。それは絶間姫があまりにも隙がなく、職人に徹しているからだろう。

本作は「荒事（荒々しく豪快で江戸の人々を熱狂させた歌舞伎）」というジャンルに分類される。荒事が人気であり続けるのは、わかりやすいからという理由だけではない。ジェンダー、セクハラを一旦抜きにして、歌舞伎を純粋に楽しもうよ。そういった細胞レベルに組み込まれた、人間の〃面白がる気持ち〃を刺激してくれるからなのかもしれない。

# 七章　「私は母だから」――子どもを守りたくて

# 『菅原伝授手習鑑《すがわらでんじゅてならいかがみ》』千代《ちよ》

## ――置き去りの母親たち

作者　竹田出雲、並木千柳、三好松洛、竹田小出雲
初演　〈人形浄瑠璃〉延享三年（一七四六）八月、大坂・竹本座
〈歌舞伎〉延享三年（一七四六）九月、京・中村喜世三郎座

『菅原伝授手習鑑』相関図

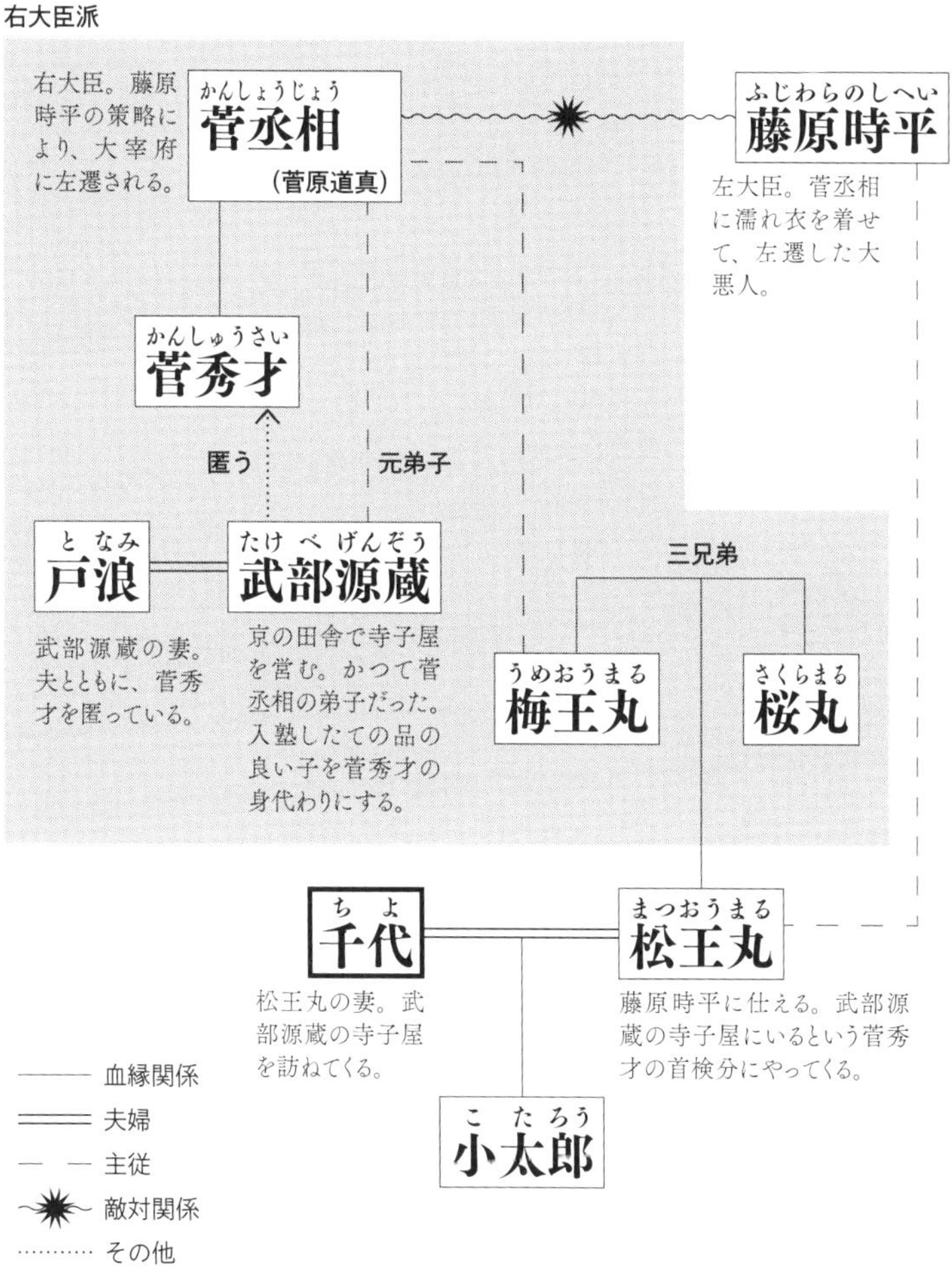
右大臣派
菅丞相《かんしょうじょう》
(菅原道真)
右大臣。藤原時平の策略により、大宰府に左遷される。
藤原時平《ふじわらのしへい》
左大臣。菅丞相に濡れ衣を着せて、左遷した大悪人。
菅秀才《かんしゅうさい》
匿う
元弟子
戸浪《となみ》
武部源蔵《たけべげんぞう》
武部源蔵の妻。夫とともに、菅秀才を匿っている。
京の田舎で寺子屋を営む。かつて菅丞相の弟子だった。入塾したての品の良い子を菅秀才の身代わりにする。
三兄弟
梅王丸《うめおうまる》
桜丸《さくらまる》
千代《ちよ》
松王丸《まつおうまる》
松王丸の妻。武部源蔵の寺子屋を訪ねてくる。
藤原時平に仕える。武部源蔵の寺子屋にいるという菅秀才の首検分にやってくる。
小太郎《こたろう》
血縁関係
夫婦
主従
敵対関係
その他

## 「歌舞伎の舞台に女性が立てない理由」のベストアンサー

ここまで女性と歌舞伎を結び付けて考えてきて、かなりの発見があった。一つは思ったよりもずっと、私は歌舞伎に出てくるヒロインたちのことを心配していたということだ。舞台上で女方によって演じられる彼女たちは、やはり「魅せる」ことに徹していて、あまり弱さを見せてくれなかったし、立役の陰に隠れていることが多く、そもそも観客の視線から外れがちな存在だった。しかし今回、歌舞伎作品の中での役割を剥ぎ取って、単なる物語の登場人物として見た途端に、生身の女性にかえり、現代を生きる私たちに素顔を見せてくれるような気がした。

そう考えると、舞台上に出てくるヒロインたちは「歌舞伎の中の女性」を演じているに過ぎないのだな、とふと思った。彼女たちは、あくまで「女方の身体を通した女性」なので、私たちと地続きの女性かと言えば、少し違う。もちろん、女方の演技力や芸の伝承によって、江戸時代の女性の精神性を見事に演じることに成功しているし、男性の体を殺して「女性以上に女性らしい」人物を生み出しているから、女性に限りなく近いはずなのだが……そうか、「歌舞伎の中の女性」とは、いわゆる万人が思う「女性らしさ」が必要なのであって、男性を立て、精神性も仕草も慎ましく、ほんのり色香が溢れるというのが理想の（歌舞伎の中の）「女性」なのである。そこに多様性を見出してしまうと、型を重んじる歌舞伎の芸から外れてしまうのだ。逆説的に言うと、目指すべき女性像というのが明確であるから、歌舞伎の女方が成立するし、それに目くじらを立てる、違和感を覚える生身の女性は、歌舞伎を演じることに向かないのだ。

私はこれまで、女性の肩を持ちながら、また自分が歌舞伎役者になる道が閉ざされていた無念さがあるにもかかわらず、女方を尊敬し、女方というシステムを信じて疑わなかった。その理由は漠然としていたものの、今はっきりとわかった気がする。いわゆる男女同権を求める新しい時代の女性たちは、「歌舞伎の中の女性」を演じるには、あまりにも「私」が滲み出てしまい、歌舞伎の芸を壊しかねないのだ。

仮に私が歌舞伎役者になる権利があったとして、これまで書いてきたような、女性キャラクターへの同情や反発する気持ちを持って、役に挑んでしまったらどうだろう。非常に生々しく、江戸時代から脈々と受け継がれてきた女性（女方）像に傷を付けてしまうことは必至だ。歌舞伎からノーを突き付けられたと思い込んでいたが、それは差別ではなく、私がずっと観ていたい歌舞伎を存続させるための、やむを得ない手段だとわかった。今、非常に清々しい気分だ。

その上で、である。やや回りくどいアプローチになってしまったが、私は舞台には立てないが、歌舞伎の女方には物理的にできないことが、できると主張したい。それは、子を産むという機能を持った女性として、歌舞伎に登場する「母」を語ることだ。

この章では、私が母となる以前以後、女性として生まれ、妻、母という立場を経て抱いた歌舞伎の登場人物に対する感情の変遷を紹介しながら、ヒロインたちの心をひもといていきたい。

## 鈍く重く突き刺さる痛みを引き受ける覚悟

まず歌舞伎というのは、自分の環境の変化、特に親になると見方が変わることをダイレクトに実感した。そのきっかけとなった演目というのが、『菅原伝授手習鑑』の「寺子屋」の場だ。

『菅原伝授手習鑑』は、「三大義太夫狂言」や「三大歌舞伎」と言われ、名作中の名作だ。「寺子屋」はその名作の中でも上演頻度が高く、時代を超えて愛されている場面の一つである。メインになるのが、後に「天神様」と崇められる菅原道真が、政敵の藤原時平に陥れられ、大宰府に左遷されるが、いろいろあって最終的には雷となって復讐する、というストーリーだ。しかし歌舞伎では、菅丞相（道真公）を慕う家来や家族が主役となった段が人気で、特に梅王丸・松王丸・桜丸の三つ子の兄弟が複雑な立場にあることから、衝突し、苦悩する場面に注目が集まる。「寺子屋」は、三つ子の中で唯一、敵の藤原時平の元で働かざるを得なくなった松王丸が、何とかして恩義ある菅丞相に報いようとする話となっている。

舞台となるのは、京の田舎にある寺子屋。営んでいるのは武部源蔵という男で、かつて菅丞相の弟子だったが、破門された過去がある。しかし菅丞相の立場が危うくなったときに、偶然、菅丞相に呼び出されていて屋敷にいた。そこで一子、菅秀才の命を守るため、妻の戸浪と共に連れ出すことに成功。今は源蔵夫婦の子と偽り、身分を隠し、菅秀才を匿っている。しかしその噂を耳にした時平は、家来を詮議に行かせ、源蔵に菅秀才の首を出せと命じた。

松王丸はこのとき、時平の従順な家来ということになっているので、単なる検分役として登場する。もちろん源蔵もそれに疑いはなく、その日寺入りしたばかりの、品の良い子どもを身代わりの首にしたものの、菅秀才の顔を知っている松王丸を騙せるかとビクビクしている。ところが、やってきた松王丸は「菅秀才の首に相違ない」と断言するので、源蔵は安堵するのだった。しかし大どんでん返しがあり、実は寺入りしたての子どもとは松王丸の息子・小太郎で、菅丞相のために我が子を身代わりにしたのだと松王丸が嘆く。菅秀才を守るためなら手段を選ぶ余裕はなく、松王丸が菅丞相のために大きな犠牲を払ったことに観客は驚き、涙する。

私は偶然にも、出産してから初めて観る芝居がこの「寺子屋」だった。そのとき、松王丸の苦しさの理由がやっとわかり、これまで以上にこの芝居が辛くなったことを思い出す。なぜなら、私はそれまで「痛い思いをして命を差し出したのは小太郎じゃん」と思っていた。しかし母になってからは、自分の命を差し出すより、子どもを身代わりにする方が何億倍も辛い気持ちが、やっとわかったのだ。それに耐える松王丸を見て、雪持ちの松の衣裳の意味（松に雪が積もった様子を表した文様で、雪の重みに耐える松の姿に松王丸の苦しい心を重ね合わせる）を初めて実感できた。

しかし、今この物語をみて、松王丸ばかりに辛かったね、というのはなんだか違う気がするのだ。松王丸の妻・千代の気持ちをどうか考えてほしい。殺されるということをわかっていながら、小太郎を寺入りさせ、最期の別れを心の中でしなければいけないのは千代なのだ。彼女は健康に美しく育ててきた我が子を、自分とは直接関係のない、夫の恩ある人のための身代わりにされる立場である。その決定を初めて聞いたとき、千代はどう思ったのだろう。覚悟を決めてから寺入りするまでの時間、小太郎が母を呼ぶ瞬間、最後に手を繋いだとき、どんな感情で生きていたのだろう。千代の立場になって考えると発狂してしまいそうだ。

## 小刻みに震える背中を見て思うこと

そもそも、歌舞伎には夫から妻に対して「相談でなく決定だ」という場面が多過ぎる。しかも、大抵その決定事項は重い。忠義のために娘を売る、子どもを犠牲にする、自分が死のうと思う、などなど。この一方的な決定を言い渡され、覆すことが不可能だとわかっているから、泣きながら受け入れるという妻や母を今までどれだけ見てきたことか。しかも男性側は、「俺だって苦しいんだよ」という主張は心に秘め、妻に泣くなと言うばかりで、表面上は女性に寄り添ってはくれない。

松王丸と千代だけではない。源蔵と戸浪だってそうだ。源蔵は、菅秀才を助けるために生徒一人を殺すことにした、と勝手に決めてしまう。それしか道がないと言われればそれまでだが、戸浪は卒倒するも、いつの間にか説得され、共犯にさせられてしまう。

名作『熊谷陣屋《くまがいじんや》』（『一谷嫩軍記《いちのたにふたばぐんき》』）もそうである。初陣を飾った我が子の様子を見ようと、遠路はるばるやってきた母・相模《さがみ》は、夫の熊谷直実《なおざね》に「なんで女性の分際でここまできたのか」とまずは怒られるし、黙って話を聞いていれば、殺されたのは実は我が子なのだとわかる。なぜこんなに女性は置いてきぼりにされるのかと、冷静になれば思ってしまう場面だ。

そういう時代だから、お話だから、と片付けてしまえるかもしれないが、現代の家庭でも、こんな状況は起こりうるのではないだろうか。世帯主である夫に決定権があるのは当たり前で、家事分担、大きな買い物、子育ての方針、夫の「相談ではなく決定」を受け入れるしかない妻が目に浮かぶ。

そこで「松王丸たちのように、家計を担っている父親が決定権を持つのは当たり前じゃないか」という声があるとしたら、私は反論したい。決定権が松王丸や源蔵や熊谷直実にあって、千代や戸浪や相模にないのは、彼らが最前線で働いていることにある。この時代の最前線とは、給金をもらう立場というより、何かのときに命懸けで闘う状態であることを意味する。現代の日本では、汗水垂らして命懸けで働いている、という比喩ならわかるが、家族の命を守るため、自分の決定を聞いてくれという歌舞伎の物語の状況とは少し違う気がする。

話を歌舞伎の時代に戻すが、そうは言っても母の気持ちを考えてほしいし、子どもを政治の道具にされることの無念さについて、母はもう少し声を上げても良いのではないかと思う。立役の辛抱するシーンは、大きく派手な見得と共に「思いを馳せる」瞬間がある。松王丸が首桶を開け、小太郎の首と対面した瞬間。熊谷が花道で「十六年は一昔、アヽ、夢だ、夢だ」と嘆く場面。父として、一家の主としてとった行動について考えさせられるシーンはある。しかし女性の場合は、その傍でひたすら「背中で耐える」ことでしか伝えられない。もちろん見せ場を作ってほしいというのではない。ただ、松王丸の子・小太郎も、熊谷直実の子・小次郎も、父との絆だけでなく、母の愛情があって、運命を受け入れる強さを育んだということも忘れてほしくない。

主役の陰に隠れ、ひっそりと涙を流している女性は、千代や相模だけでない。メインキャラクターの妻はもちろん、ほんの一場面しか登場せず、一言も発さずに、ただ子どもを奪われる女性たちも、歌舞伎には多く存在する。全身で無念さをあらわにする立役と同じ舞台上で、静かに背中を震わせている母親たち。彼女たちの存在を、どうか忘れないでほしい。

# 『妹背山婦女庭訓《いもせやまおんなていきん》』「吉野川の場」定高《さだか》

## ――一番の理解者・母への試練

作者　近松半二、松田ばく、栄善平、近松東南

初演　〈人形浄瑠璃〉明和八年（一七七一）一月、大坂・竹本座

〈歌舞伎〉明和八年（一七七一）八月、大坂・中の芝居

## 『妹背山婦女庭訓』相関図

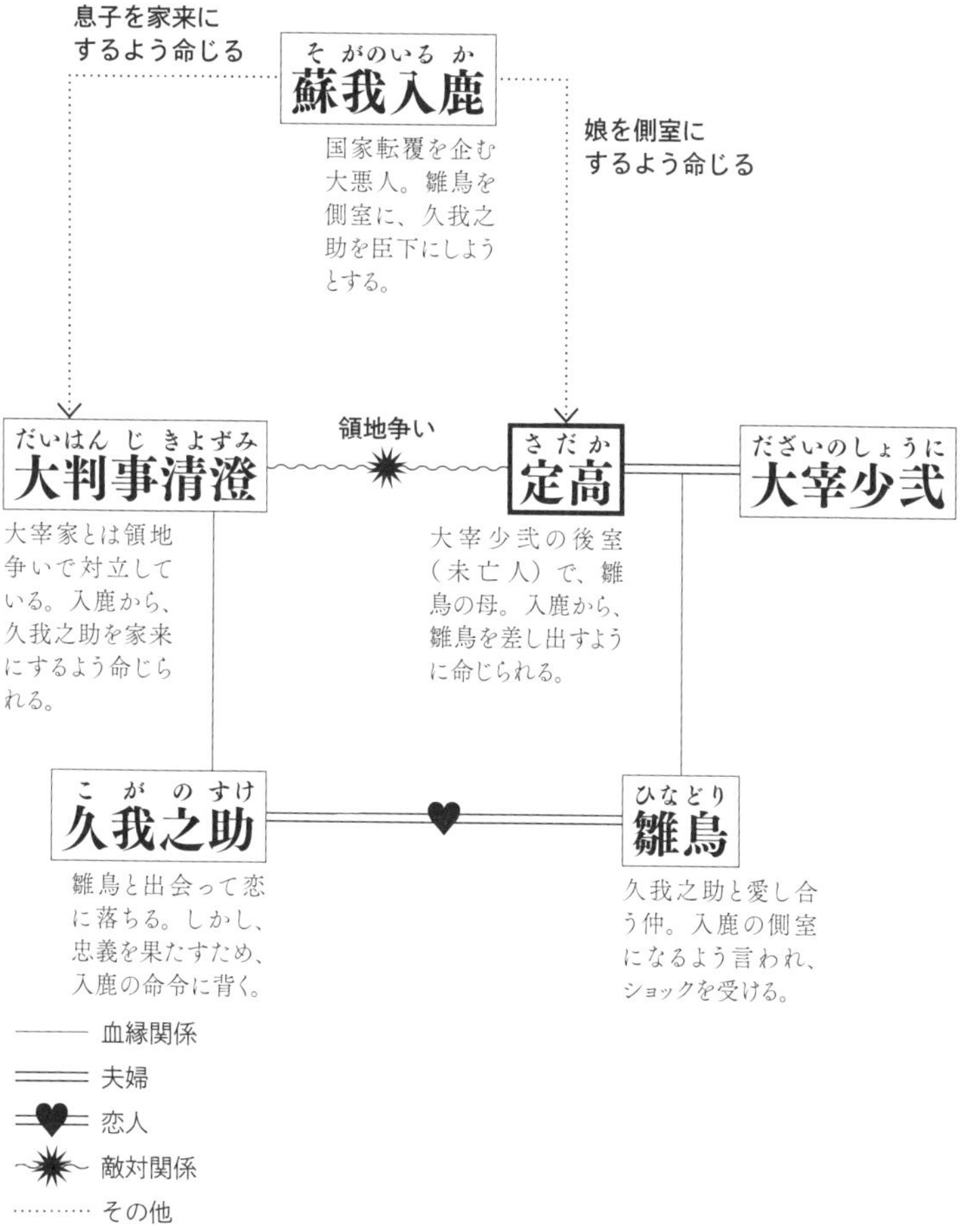

息子を家来にするよう命じる
蘇我入鹿《そがのいるか》
国家転覆を企む大悪人。雛鳥を側室に、久我之助を臣下にしようとする。
娘を側室にするよう命じる
大判事清澄《だいはんじきよずみ》
大宰家とは領地争いで対立している。入鹿から、久我之助を家来にするよう命じられる。
領地争い
定高《さだか》
大宰少弐の後室（未亡人）で、雛鳥の母。入鹿から、雛鳥を差し出すように命じられる。
大宰少弐《だざいのしょうに》
久我之助《こがのすけ》
雛鳥と出会って恋に落ちる。しかし、忠義を果たすため、入鹿の命令に背く。
雛鳥《ひなどり》
久我之助と愛し合う仲。入鹿の側室になるよう言われ、ショックを受ける。
血縁関係
夫婦
恋人
敵対関係
その他

## 我が子の人生の幕を開け、幕を引く母

親は子どもを守る義務がある。それはルールとして定められていなくても、本能のようなもので、自分を犠牲にしても子の命を尊重したいと思うのがベーシックな親子像と言われる。

しかしそれに反して、子どもの命を差し出さねばならないという状況が、歌舞伎にはあることを前述した。

それを上回る悲劇――母が娘の命を奪う、奪おうとする残酷な話も一つや二つではない。かなり身構える内容かもしれないが、この時代だからこその、親の葛藤と、自ら手にかけることが最善であると考えてしまう演目を取り上げ、その心情を考えてみる。

まず思い出されるのは、『妹背山婦女庭訓』の「吉野川の場」である。お三輪の話をしたときに引き合いに出した三段目で、文楽では「山の段」と呼ばれる場面だ。その際、さらっと「若い二人（雛鳥と久我之助）がお互い死を選ぶ」と伝えたが、実は雛鳥は母の手にかかって死ぬのだ。この、普通ならばあり得ない状況を説明するために、今一度あらすじを丁寧になぞっていきたい。

大宰少弐の娘・雛鳥は、大判事清澄の息子・久我之助と相愛であるが、親同士の領地争いが原因で敵対関係にある。その隔たりを表すがごとく、二人の間には吉野川という川が流れ、直接会うことができない。さらに、蘇我入鹿の横暴により、雛鳥は「俺の妾になれ」と、久我之助は「俺の家来になれ」と脅されている。大宰少弐後室・定高、つまり雛鳥の母は、はじめ「入鹿様に見初められるなんて光栄なこと」と言い、嫁ぐことを勧めるような態度をとる。しかし、雛鳥は「愛する人と結ばれないのなら生きていても意味がない」と泣き伏す。それでも定高は説得をし、嫁入りの用意をし始める。しかし、それは母の手で娘を殺めるための準備であった。

このまま生きることを選択し、入鹿の妾にでもなったら、可愛い雛鳥が化け物・入鹿のいいようにされるという未来しか見えない。それが死よりも恐ろしい光景だとわかっていた。ちょうど飾っていた雛人形の女雛の首が落ち、それを見つめる雛鳥は死を決意し、定高は娘の首を切るしかないと悟る。定高は、娘を清らかなまま久我之助の元へ送り届けるため、対岸の久我之助に首だけの嫁入りをさせるのだった。

現代人にとっては設定が特殊すぎて、いろいろ突っ込みどころがあり、理解に苦しむだろう。ただ、母が娘を想っての苦肉の策であったことはわかる。この日は雛祭。女の子がこれからも健やかに生きていけるよう祈る日に、親子をこんな目にあわせる、作者・近松半二の残酷さと言ったらない。よりによって、なぜ娘の命を終わらせる役割が母なのか、とこの作品を観るたびに思う。

考えをめぐらしたところ……近松半二という作者は「対比の妙」を使って、物語を立体的に、印象的に書き上げるのが得意な作者だということに気づいた。これは五章で取り上げた際に示したことだ。そのことを思い出すと、定高は雛鳥を「生」み、「死」なせる、つまり「生」と「死」という両極の、人間にとって最重要事項を母に担わせたのかもしれない。一番の理解者だからこそ、生きること、死ぬことという、人生の対になるビッグイベントを定高に背負わせたのかと想像した。

これまでの女性キャラクターがそうであったように、努力では覆せない「受け入れざるを得ない不幸な運命」という屈強なシステムに、唯一打ち勝てるのが「この世は諦めてまた来世で」という考えだった。

この絶望的な願いをかなえるための協力者を、他でもない、母にしたということか。極上の悲劇を生み出すことが得意な近松ならやりかねない。「死」とは、一番愛するものから一番遠ざけたいワードだという、ごく普通の感覚を持つ私には、そのロジックしか思い浮かばなかった。

## 人生詰んだから
## 母も娘も一緒に死ぬ

母が子どもの命を奪おうとする、命を奪わざるを得ない状況といえば、『仮名手本忠《かなでほんちゅう》臣蔵《しんぐら》』の九段目にあたる「山科閑居」もそうだ。

忠臣蔵といえば、今さら説明するまでもないが、赤穂浪士の討ち入り事件をモデルに、大星由良之助《おおぼしゆらのすけ》（史実の大石内蔵助）ら四十七士が、主君・塩冶判官《えんやはんがん》（史実の浅野内匠頭）の仇を討つまでの艱難辛苦を描いた作品である。しかしこの場には、由良之助はほんの少ししか登場しない。メインとなるのは、由良之助の妻・お石《いし》と息子の力弥《りきや》。そして、塩冶判官が高師直《こうのもろなお》を殿中で斬りつけた際、塩冶判官を抱きとめ、無念の切腹の原因を作ってしまった加古川本蔵《かこがわほんぞう》。その妻・戸無瀬《となせ》と、娘・小浪だ。由良之助の息子の力弥と、本蔵の娘の小浪は、婚約者同士である。

戸無瀬は後妻であるため、小浪とは血の繋がりはないが、娘を愛情深く育てており、二人には固い絆ができている。その小浪《こなみ》が、哀しい思いをしているという。その訳は、塩冶判官が切腹し、家来たち全員が浪人になってしまったせいで、小浪と力弥の結婚が延期になっているからだ。力弥からの連絡もなく、このまま結婚できないのではないかと不安が募るばかり。それ以前に、小浪は好きな人に会えないことが辛くて仕方ないのだ。見かねた戸無瀬は、小浪を連れて大星一家が住む山科へ行くことを提案する。父・本蔵は後からついて行くというので、母娘で遠い道のりを、家来も伴わず出発するのだった。

嫁入りをさせるつもりで山科へ出かけたものの、迎えたお石に「お家取り潰しの原因を作った本蔵さんの娘なんかと息子を結婚させられる訳がない」と拒絶されてしまう。それを聞いて、はいそうですか、と諦められたら簡単なのだが、子を想う母はそれでは済まない。しかし、加古川本蔵の妻、という肩書しかない戸無瀬には、相手にノーと言われれば、それ以上のことはできない。娘の願いが聞き入れられないという責任をとって、「自害」しようとするのだ。

もし現代で「娘とあなたの息子さんが結婚できないようなので、私が死にます」と言う母親がいたら、先方への脅しか、はたまた娘を諦めさせるための演技だとしか思えないだろう。しかし、戸無瀬はただただ自分が申し訳ない気持ちだけで、死のうとしているのだ。いやいや、死んだところで何も解決しないじゃないかという突っ込みは覚悟の上で続けるが、状況を打破できないこと、親として無力なことが情けないのだ。

そんな母の姿を見て、小浪までも一緒に死のうとするが、この状況は現代の私たちからすると早計に思えるし、無駄死にではないかと思ってしまう。しかしよくよく考えてみると、この状況を理解できないのは、現代の私たちにとって「壁にぶつかったから死を選ぶ」「なすすべがないから死ぬ」という考えが、〝逃げ〟だという認識があるからではないだろうか。

当時の女性たちにとっては、「結婚という女の成功レールに乗れなければ死も同然」という考えが蔓延《はびこ》っていたのだろう。立場の弱い女性では抗えない、大いなる力の存在を知ったとき、潔く死を選ぶことは、彼女たちにとって何も唐突なことではなかったのかもしれない。

そんな哀しい親子を見て、お石は二人の結婚を許そうと言う。しかしそれには条件があり、本蔵の首を差し出すことだった。つまり、戸無瀬にとっては夫、小浪にとっては父を殺せということだ。ただ困惑する親子を尻目に、助け舟を出したのは本蔵本人だった。虚無僧のふりをして現れ、わざと挑発するようなことを言って、力弥の刃《やいば》にかかって死ぬのである。

## 娘の生死を天秤にかけねばならない母の苦悩

母が娘の強い想いを汲んであげたいという気持ちや、娘の縁談がうまくいきそうにないのであれば、じたばたせずに引く（死）ことが最善だという判断は、私たちには想像し難い。

けれど、娘の気持ちを一番わかってあげられる存在として描かれる母には、共感が集まるのではないだろうか。世間の物差しはこうだが、私はこちらを選びたい。そうした状況に、一番の理解者になってあげられる存在が母だということだ。

定高は、世間の物差し「何がなんでも生きるという道」ではなく「美しいままこの世を去って来世で好きな人と結ばれる」という雛鳥の願いを汲み取った。戸無瀬も、娘が好きな人と一緒になれないこと、また恥になるような生き様を見せることになるなら、娘を殺して自分も死のうと思った。二人とも、自分と娘は別人格であることをわきまえ、尊重している母娘であることが、印象的である。

この時代は、子どもを育てることが難しく、観客の中にも、失った子どもを重ねてしまう人が多かったようだ。「七歳までは神のうち」という言葉が浸透していたように、七歳まではいつ死んでもおかしくないという、哀しい現実があった。病気で亡くなる子もあれば、育てることができなかった家庭もあるだろう。

「母親が我が子の死の介助者」という物語をみて、私たちには考えが及ばないような、哀しみを覚える人々がいたことを想像する。幼くして子どもを失った人たちにとって、短くてもその子が生きていたという証しがあり、その「生」がいかに輝いていたかということ。「死」はそこで終わりではない、来世に繋げるためのポジティブな意味があるということを、芝居から感じ取っていたのかもしれない。

定高や戸無瀬は、自分たちが女性として生きてきて、変えられる未来と変えられない未来があることを、実感としてわかっていた。だからこそ、生と死を天秤にかけ、どちらが子どもにとって幸せかの判断が明確で、諦めがついたとも言える。

愛ゆえに、死を選ばなければいけないという、私たちには想像もできないし、してはいけない状況が、彼女たちにあった。女性であるからこそ、切ない選択に迷いがなかったことを、共感はできないが「この時代の母娘のあり方」として胸に留めたい。

# 『袖萩祭文《そではぎさいもん》』袖萩《そではぎ》

## ――〝イクウーメン〟とは言われない

本名題『奥州安達原《おうしゅうあだちがはら》』

作者　近松半二、竹田和泉、北窓後一、竹本三郎兵衛ら

初演　〈人形浄瑠璃〉宝暦十二年（一七六二）九月、大坂・竹本座

〈歌舞伎〉宝暦十三年（一七六三）二月、江戸・森田座

## 『袖萩祭文』相関図

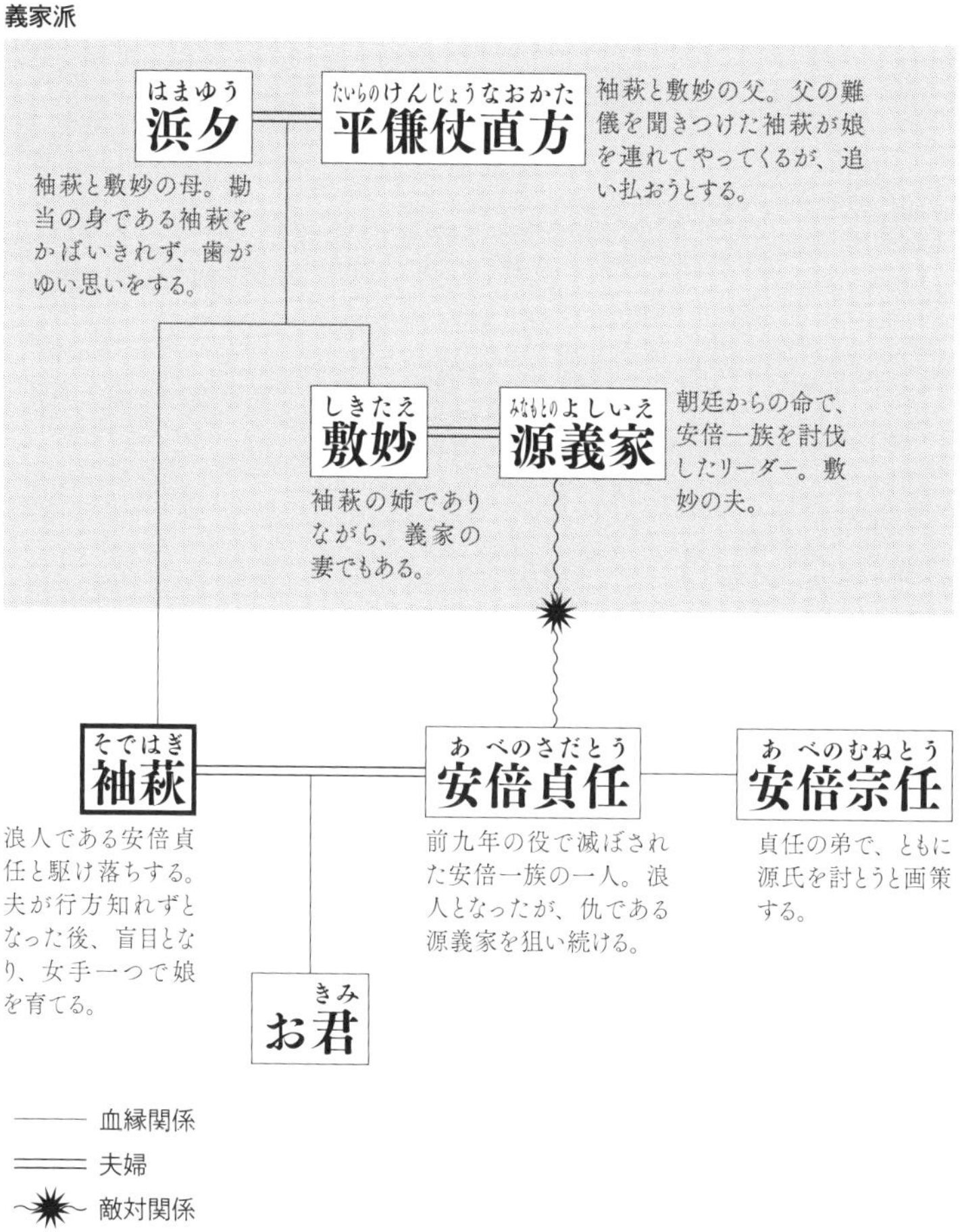
義家派
浜夕《はまゆう》
平傔仗直方《たいらのけんじょうなおかた》
袖萩と敷妙の父。父の難儀を聞きつけた袖萩が娘を連れてやってくるが、追い払おうとする。
袖萩と敷妙の母。勘当の身である袖萩をかばいきれず、歯がゆい思いをする。
敷妙《しきたえ》
源義家《みなもとのよしいえ》
朝廷からの命で、安倍一族を討伐したリーダー。敷妙の夫。
袖萩の姉でありながら、義家の妻でもある。
袖萩《そではぎ》
浪人である安倍貞任と駆け落ちする。夫が行方知れずとなった後、盲目となり、女手一つで娘を育てる。
安倍貞任《あべのさだとう》
前九年の役で滅ぼされた安倍一族の一人。浪人となったが、仇である源義家を狙い続ける。
安倍宗任《あべのむねとう》
貞任の弟で、ともに源氏を討とうと画策する。
お君《きみ》
血縁関係
夫婦
敵対関係

## 母の後ろめたさにつけ込む歌舞伎

子育てで一番大事なことは「〝後ろめたさ〟のコントロール」である。

私がこの数年間の子育て経験を経て、考えついた答えだ。子育ては、未知なる生物（新生児）との邂逅から始まり、正解がわからない問題の連続で、見えない敵との闘いだと日々感じていた。この見えない敵（がいると思う被害妄想）は、後ろめたさとほぼ同義である。つまり、子育てとは、毎日我が子という小さな人間を安全に、健やかに育てていく間に生じる、「後ろめたさ」との闘いなのだ。「子育てに正解なんかないよ」と先輩から言われるものの、正解を探ろうとするのが人間の性である。自分の選択が果たしてよかったのかという後ろめたさ、自分は楽な方を選択してしまったのではないかという後ろめたさ（母乳ではなく粉ミルク、普通分娩ではなく無痛分娩を選ぶこと、保育園に入れて働くことへの罪悪感ｅｔｃ）、余裕のなさから子どもに大人げない態度をとってしまった後の後ろめたさ……子育てというのは、事あるごとに母を不安にさせる。

歌舞伎にも、この「子育てストレスに苛まれ弱った女性が陥りやすい後ろめたさ」を思い起こさせる演目がある。それが『袖萩祭文』だ。『奥州安達原』の三段目で、土台となっているのは前九年の役で滅ぼされた安倍一族が、源義家への復讐を果たそうとする物語。しかしクローズアップされるのは、一人の男性に人生を狂わされた「袖萩」という女性である。

袖萩は、ある「後ろめたさ」が雪だるま式に膨らみ、その後の人生を自責の念と共に生き、最終的に自ら命を落とす。その発端というのは、当時はご法度だった「親の許さぬ結婚」をしたことだった。決死の覚悟で浪人者と駆け落ちをし、妊娠するも、内縁の夫が行方知れずとなる。誰にも頼ることができない袖萩は、女手一つで娘のお君を育てていく。さらに生活苦の末、袖萩は失明してしまう。盲目のシングルマザーに働き口はない。三味線を演奏して施しをもらう生活を送り、母娘肩を寄せ合って生きている。

## 〝イクウーメン〟が存在しない我が国日本

この設定だけで、何人が涙しただろうか。そして、「夫よどうした」と思うはずだ。こういうときに、口約束の父は全てを放棄することが可能で、全て引き受けるのが女性である。子を宿すのも、産みの苦しみを味わうのも、小さな命を守るのも……。

しかしこの無責任夫はただの浪人者ではなく、実は源義家を仇と狙う安倍貞任だった。貧しくてもあたたかい家庭を夢見ていた袖萩とは違い、貞任は一族を滅ぼした憎き義家の仇討ちのことしか頭になかった。しかも袖萩の妹・敷妙は、義家の妻である。袖萩は、親の許可をもらわないばかりか、家族にとっての宿敵と結婚していたという、これまた悲劇的な展開となる。

傍から見れば袖萩を責め立てる理由はなく、不運だったことを慰めてあげたいくらいだが、彼女は自分が親に背いたという後ろめたさ、さらに後になってわかったことではあるが、絶対恋してはいけない男と子までなしたという罪悪感で、全てを受け入れている。雪の降り積もる日、父の大事を聞きつけて、勘当の身ながら実家に帰ってきた袖萩と、娘を迎えたくても冷たくせざるを得ない親の、もどかしいやりとりがあるも、袖萩は終始、申し訳なさと惨めさを見せる。

そのみすぼらしいなりの娘と、孫の姿を目にし、気付かれぬよう、袖萩とお君をいたわる母・浜夕。彼女も昔の女性である。どんなに娘を助けたくても、夫の許可がないと何もできない。

袖萩が歌祭文（節をつけて物語を語る芸能）にのせて、これまでの境遇や心情を必死に両親に伝えるシーンや、娘のお君が、極寒の中自分の着物を健気に盲目の母に着せてやる場面などは、涙なしには観られない。ではあるが、子育て真っ只中の母の立場で観ると――風情を壊してしまうのを承知で言えば、父親である貞任に文句の一つや二つを言いたくなる芝居だ。

出産は身体機能的に女性が担当するとしても、育児や家事は分担して当たり前だ。それなのに、男性が少しでも育児に参加すると「イクメン」だと褒められ、女性が育児をしても「イクウーメン」と言われないどころか、子育てを任せ過ぎると後ろめたさに繋がる。この不公平は何なのか。

女性にのみ備わった、体内で生命を育むという機能は誇らしいことであるが、女性の社会進出がどれだけ世間に推奨されても絶対に埋まらない溝は、妊娠・出産が遠因であることに議論の余地はない。生理という周期的に体調が優れない時期を受け入れることから始まり、妊娠すれば検診、急な入院、そして分娩時にはどんな超人でも、仕事から離れざるを得ない。子を授かった喜び、その成長を間近で見られる喜びと引き換えに、キャリアを諦めるのは女性と相場が決まっているし、もしそれ以外の選択をしたら、「大いなる後ろめたさ」がつきまとうのが今の日本だ。

## 後ろめたさを薄めるために奔走する母たちへ

現代の働く女性は、この後ろめたさをできるだけ薄めるために、本来持つ馬力以上のことに奔走している。産休・育休の取得、保活、入園してからは毎日の送迎と、自分たちに与えられた権利だと言い聞かせ、それらを最大限活かすことで、自らの選択を正当化している女性は多いだろう。もちろん、当たり前の権利である。しかし「女性〝なのに〟子どもを預けて仕事をしている後ろめたさ」という、本来なら持たなくてもいい感情がどこかに残っていないだろうか。

自分のことを振り返ってみてもそうだ。私は初めての出産・育児を超楽観的に捉え過ぎていたので、用意したのは毎月の連載をまとめて執筆しておいたことくらいで、何かのときは実家に子どもを預けて仕事ができるだろうとたかを括っていた。フリーランスの特権で、自分の裁量で子どもが寝ている間にまとめて仕事をしよう。保育園に預けるほどでもないだろう、という、今思うと頭から花が咲いているかのようなお気楽ぶりだった。実際、子どもが生まれてからは、もはや記憶がないほどのキャパオーバーの日々で、何かにつけて「後ろめたさ」を味わった。退院後まもなく仕事復帰し、インタビューやトークショーなどの仕事に出かけると、授乳のタイミングに合わないため、ミルクセットを置いておくが、母乳に慣れた子どもは飲もうとしない。するとお腹が空いて機嫌が悪いのか、昼寝もしない、泣くばかり。そういった報告を受けるたびに、また後ろめたい気持ちになる。昼寝をした頃合いに執筆をしようにも、PCを開くと同時に泣き始めるので、一文字も書けない。睡眠不足で子どもに優しくできない。振り返れば罪悪感の連続だった。

しかし、表向きは「育児たのし〜」という、気丈な母を演じていたような気がする。その結果、私はストレスで奥歯にヒビが入り、大がかりな治療をする羽目になった。高額な授業料であったが、そこでやっと「母だからって無理をしない」ことを学んだ。

## 母親が後ろめたさを感じなくていい社会とは

私の育児体験は単なる一例であるが、周囲のママたちの意見に耳を傾けてみても、『袖萩祭文』の時代から何も変わっていないと思うことだらけだ。育児配分の男女の違いについては、ここで敢えて議論しないが、仕事と育児、どちらを選んでも後ろめたさの呪縛から離れられないのは母親の方だという事実は声を大にして言いたい。駆け落ちした自分が悪い、親に協力を得られない男性と一緒になったのがいけない、我慢ができずにシングルマザーになった女性が悪い。子どもが生まれても男性が変わらず仕事をするのは当たり前で、どうにかして仕事をする母は「子どもを預けてまで自分のことを優先して」と思われる。というより、そう思われているかもしれないという考えに陥る。

冒頭、子育てで重要なのが、後ろめたさの「コントロール」だと言ったのには理由がある。後ろめたさを完全に捨ててしまっては、それはただの身勝手な母親となってしまう。子どもを無視し、自分のやりたいことだけに専念するのはネグレクトだ。ただ、女性への呪縛は思ったよりもまだまだきついということは、世の中がもっと知るべきだと思う。

冒頭にあげた、楽をしてしまったのではないかという後ろめたさだって、大体、普通分娩という言葉が間違っている。世の中のお母さんのために、無痛分娩をベーシック分娩にし、あの謎に苦しむスタイルを有痛分娩と言い換えてもいいくらいだ。紙おむつか布おむつか、離乳食は手作りか既製品か、寝かしつけはベビーベッドか添い寝か……産後にあれほど迷っていた私だが、もし新米ママさんにアドバイスができるとしたら「母がストレスを溜めず、後ろめたさを感じなければ何でもいい」という言葉を贈りたい。

何でもかんでも「子どもがかわいそう」という部外者のコメントは無視していい。

と言いつつも、『袖萩祭文』のお君は、現代人の目から見ても「かわいそう」な境遇である。実の父親は物心ついたときにはおらず、女手一つで育ててくれた母も体が丈夫ではなく、経済的にも厳しい生活だった。細かい描写がある訳ではないが、母一人子一人で後ろ指をさされることも日常的であっただろう。

それでは、お君は袖萩の子どもとして生まれたことを憎んでいるだろうか……芝居を観る限り、私にはとてもそう思えない。お君が袖萩の目となり、袖萩はお君に寂しい思いをさせないよう、母親としての務めを精一杯果たしていた。二人が助け合っていたという絆が、さりげないやり取りから見えてきて、それゆえに、二人が死に別れることが辛すぎるのだ。

もしもシングルマザーの袖萩が、後ろめたさを感じなくてもいい環境、その娘のお君がひもじい思いをしないで生きていける制度や社会が、この時代にあったら――降り積もる雪が溶け、笑顔で手を取り合っていくことを約束する、母娘のラストシーンが観られたはずだ。

# 『東海道四谷怪談《とうかいどうよつやかいだん》』お岩《いわ》

## ――ワンオペ育児にみる母性と父性

作者　四代目鶴屋南北

初演　〈歌舞伎〉文政八年（一八二五）七月、江戸・中村座

『東海道四谷怪談』相関図

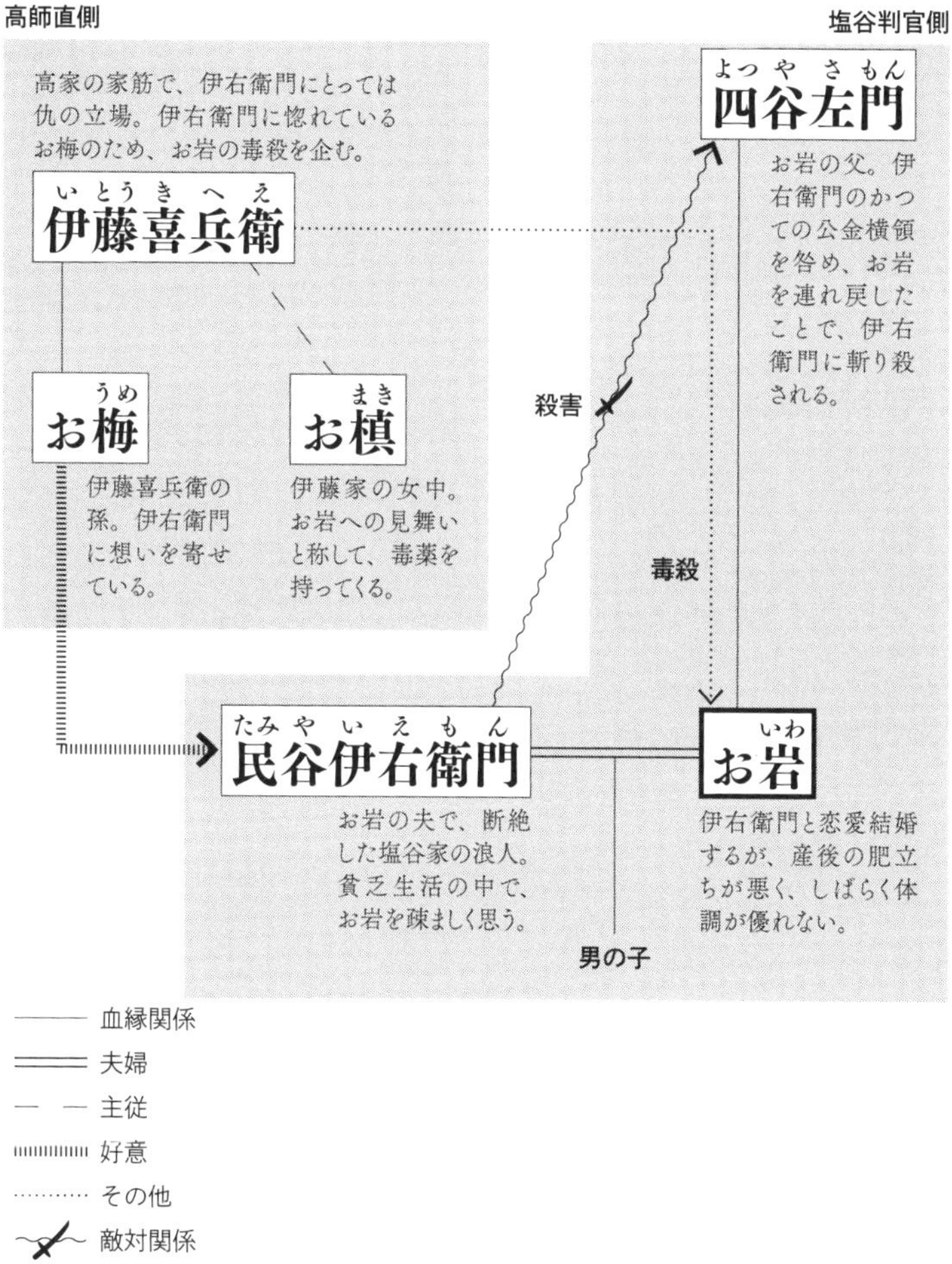

高師直側
塩谷判官側
高家の家筋で、伊右衛門にとっては仇の立場。伊右衛門に惚れているお梅のため、お岩の毒殺を企む。
伊藤喜兵衛《いとうきへえ》
お梅《うめ》
伊藤喜兵衛の孫。伊右衛門に想いを寄せている。
お槙《まき》
伊藤家の女中。お岩への見舞いと称して、毒薬を持ってくる。
四谷左門《よつやさもん》
お岩の父。伊右衛門のかつての公金横領を咎め、お岩を連れ戻したことで、伊右衛門に斬り殺される。
殺害
毒殺
民谷伊右衛門《たみやいえもん》
お岩の夫で、断絶した塩谷家の浪人。貧乏生活の中で、お岩を疎ましく思う。
お岩《いわ》
伊右衛門と恋愛結婚するが、産後の肥立ちが悪く、しばらく体調が優れない。
男の子
血縁関係
夫婦
主従
好意
その他
敵対関係

## お岩さまは幽霊ではない。母である

今まで歌舞伎の中で生きる女性たちの数々の苦悩をみてきたが、彼女はその悩める女性の集大成と言ってよい。あまりにも「怪談物」という側面が前に出てしまい、女性の生きづらさを描いていることが二の次になっているが、私は自分が母になってから、より彼女の〝母として〟の苦悩がリアルに伝わるようになった。最後に紹介するのは『東海道四谷怪談』のお岩だ。

歌舞伎を観たことのない人でも、その名前を聞けばピンとくるように、四世鶴屋南北の大傑作であり、現世で味わった苦しみを、幽霊となって復讐する女性の物語として知られている。復讐の標的となるのは浪人・民谷伊右衛門だ。

二人の関係の変遷をひもとくと、元々は互いに好き同士で、仲人を立てない結婚をしている。このことは時代的に、少し問題があったようだ。にもかかわらずなのか、やはり、なのか、お岩は実家に帰されている。というのも、伊右衛門が御用金を着服したという疑いがあるなど素行が悪いからで、「こんな男には預けておられん」と父親がお岩を連れ戻した。しかし今度は、伊右衛門が義父の弱みを握ってしまう。それを盾にお岩と再び一緒になりたいと頼むが、聞く耳を持たないので、伊右衛門は思わず義父を斬り殺してしまう。後からやってきた、事情を知らないお岩には「何者かに義父が殺されているね！　この仇は俺が討つからやり直そう」と、謎の演技力で自分の都合の良い展開に持っていく。お岩も女性の身で仇討ちは不可能だからと、伊右衛門を頼ることにする。その口先男を信じてしまったことで、人生が良からぬ方向に転がってしまう。お岩はすぐに男児を出産するが、悲惨な生活が待っていた。

## ワンオペ育児から始まる悲劇

大抵のカップルは結婚を経て、一緒に暮らしたり、家族が増えたりすることで、その関係性は少しずつ変化していく。恋人を超えて家族の絆ができ、より安心して暮らせるようになる場合もあれば、今まで見えなかった部分が気になり、嫌悪することもあるだろう。伊右衛門夫婦はまさに後者だった。妻は産後の肥立ちが悪く、体調が優れない。伊右衛門のあのときの言葉はなんだったのか、気持ちが離れ、お岩を邪険に扱うようになる。

子どもが生まれてからの伊右衛門夫婦を描いた二幕目から受ける印象は、自分が出産する前と後でだいぶ違う。まずお岩が、なぜあんなに気だるそうなのか、以前は気に留めていなかった。あぁ病気なんだな、と思うだけだったが、今は手に取るようにわかる。産後は体調が完全に戻っていないのに、とにかく慣れない育児で寝不足になり、頭痛はするし、常にだるくて横になりたいような感覚があるのだ。「産後の肥立ちが悪い」という設定を共感できる今、あの場面を観るのはより辛い。さらにお岩は精神的な疾患もあったのだろう、どこか陰鬱としている。これは、現代で言うところの「産後うつ」だと私は思った。

産後はホルモンバランスが不安定なせいもあり、なぜか追い込まれているような気分になる。「どうせ命も長くない」「私が死んだら」と何かとネガティブなことを言うのも、産後特有の、不安定な精神状態なのかもしれない。こんなときこそ「そんなことないよ」と言って、育児を手伝ってくれる家族がいれば救いがあろう。でも、お岩には苦労を分かち合って分担する夫がいない。それどころか、足手まといな餓鬼を産んでだの、悪口雑言を並べ、自分に迷惑をかけてくれるなという態度をとられてしまう。これで参ってしまわない母親はいない。お岩の嘆きは、ワンオペ育児に悩まされる現代の子を持つ母の嘆きだ。

子どもを迎えるということは、明るい未来の象徴であり、命の襷を繋いだ母の喜びといったら、何ものにも代え難いだろう。しかし、出産後の環境が整っていないと、その輝かしい瞬間は更新されていかない。夫からも両親からも新しい命の誕生を祝福され、出産の痛みを労《ねぎら》われ、赤子が泣いても笑っても、天使に見える余裕がある家庭はいい。出産後、余韻に浸る暇もなく、手伝う人もなく、一日中赤ちゃんの泣き声と向き合っていかねばならない状況だったら……想像しただけで恐ろしい。

## 彼女→妻→母親になる女性／彼氏→夫→父親になれない男性

さらに二人の関係に追い打ちをかけたのは「貧困」であった。本作は元々、赤穂浪士の討ち入り事件を題材にした『仮名手本忠臣蔵』と交互に上演され、初日・翌日と二日間で完結する形式だった。繰り返すが、忠臣蔵とは大星由良之助をはじめとする四十七士が主君の仇を討つ物語だ。

一方、四谷怪談の主人公の伊右衛門は、主君の仇討ちに積極的でない不義士である。つまり『東海道四谷怪談』は、『仮名手本忠臣蔵』の主要テーマである「忠義」と表裏の関係にあるのだ。しかし伊右衛門が「主君が刃傷事件さえ起こさなければ」と恨む気持ちもわからなくはない。というのも、お家取り潰しにより伊右衛門は失業、求職しながら内職をせざるを得ない状況。妻は産後うつにワンオペ育児、さらに貧困による生活苦状態。何もかもうまくいかないのは、自分のせいではない、社会のせいである、と責任転嫁しなければやっていけないのかもしれない。夫の突然のリストラ、妻の思わぬ病気、育児に対する見解の違い……。こうして現代の問題に置き換えてみると、江戸時代の歌舞伎の話が、急に現実味を帯びてくる気がする。

では、社会的環境だけが二人の悲劇を招いたのかと言えば、そうではないだろう。私は「自然と母親になった女と父親になりきれない男」が、生活を共にしたことも大きな原因だと思った。お岩は、子どもが生まれ母性が芽生え、病身ではあるが、自分や夫のことより、子どもの世話を第一にする姿が見て取れる。しかし、伊右衛門はどうだろう。浪人になり、やりたくもない傘張りをしなければならず、焦燥感に駆られっぱなし。明るい兆しが見えない中で子どもが生まれ、どうしたらいいかわからずにいるようだ。そんな伊右衛門のやけくそな気持ちが「自分を男として見てくれる女性へ乗り換える」という行動に向かわせたのではないだろうか。

伊右衛門は、隣家の伊藤喜兵衛の孫・お梅に懸想されている。伊藤家といえば景気の良い高家の家筋だ。はじめは既婚者の自分が、仇側の家の若い娘と一緒になるなんて考えられないことだと思っていた。しかし、だんだんと「人生一発逆転のチャンスかもしれない」と思うようになる。その決定打になったのが、毒薬の一件だ。

伊右衛門が伊藤家に向かったのは、お槙という女中が、お岩が病と聞いて血の道の妙薬を持参し見舞った返礼のためだった。しかしその薬は、実は面体を変えてしまう恐ろしい薬で、その真実を知らされた伊右衛門は、悪の道へとまっしぐらに進んでしまう。伊右衛門が悪に目覚めたと感じる箇所というのは、人それぞれかもしれないが、私はこのやりとりから、少しずつ堕ちていったのではないかと思った。

**お岩「お前は常から邪慳《じゃけん》のお人、そういうお方と合点して添うているのも父《とと》さんの」**
**伊右衛門「敵を頼む気か。俺ぁいやだ、いやになった」**

何もかも嫌になった伊右衛門が、妻から自分のことを夫としてではなく、仇討ちをしてくれる男としか見ていない決定的な言葉を浴びている。それを聞いて伊右衛門は振り切ったように、お岩と子どもの、着物を次々に奪っていく。

続いて、伊右衛門が蚊帳を持っていこうとするのを、お岩が必死に、それこそ爪が剥がれるまで止めるシーンで、人生のステージが変わった女性（母親）と、変わらない男性とを、如実に表していると感じた。やりとりはこうだ。

伊右衛門「（蚊帳を見て）あれを持って行こう」
お岩「旦那様、この蚊帳を持って行かれたら、この子が夜一夜蚊に責められ、寝ることが出来ませぬ、こればかりは堪忍してくださりませ」
伊右衛門「蚊に食われれば親の役だ。一晩中おってやれ。エエ、放せ放せ」
（伊右衛門、お岩を蹴倒し、蚊帳を引ったくり出ていく）
お岩「ア痛タ、ア痛。爪が剥がれた。あの蚊帳ばかりはやるまいと、病み呆けても子が可愛さ」

このやりとりで、二人は気付いてしまったようにも思える。決定的に、今いるステージが違うと。父親は、赤ん坊のいる家において、蚊帳がない夜の地獄を知らない。それどころか「夜泣きするなら、お前がいつまでもおぶってやればいい」と言う。対して母親は、命がけで、子どもから蚊を守るスーパーアイテムを離すまいとする。

酷すぎるシーンだが、妻から「仇討ちのために一緒にいる」と言われたばかりの身を考慮すると、ほんの少し、伊右衛門にも同情の余地がある。ここからは妄想の範疇かもしれないが、ここでもし伊右衛門が「仇討ち要員としてではなく俺を見てくれ」と言っていたら？　お岩も、夫が暴虐な振る舞いをする原因について思いを馳せることができたのかもしれない。

この複雑な夫婦の関係をよそに、短絡的な考えをしていたのは、考えが古すぎる老人・伊藤喜兵衛だ。結局伊右衛門が求めていたのは「美しい妻」なのだと。だから顔を醜くくさえすれば伊右衛門はお岩を見捨てると思ったのだ。結果的に、夫婦はうまくいかなくなってしまったが、それは決して顔が変わったからだけではないと思う。

## 母性と父性、なぜ分ける？

片や自分を犠牲にしてでも、子どもを守ろうとする母親。片やいつまでも自分は一番大事にされて当然と思っており、子どもを優先するどころか、己の利益しか考えられない父親。この二人がうまくやろうとしても無理なのだ。

これは、お岩と伊右衛門に限ったことではないかもしれない。現実世界でも、ＳＮＳ

上にはリアルな妻の鬱憤が次々に流れてくる。一つ一つ詳《つまび》らかに紹介するまでもないが、この差が生まれてしまう原因は、出産後、母親のみが社会的に背負わされているタスクやミッションが多過ぎるからではないだろうか。出産後、授乳、おむつ交換、諸々の手続き、何カ月ごとかの検診、予防注射、離乳食、お宮参りに初節句、何かあれば病院へ行き……と、毎日イベントが目白押しで、生活のほぼ100％が子ども色に染まってい く。そうなれば必然的に、自分がこの子の一番の理解者だという自信もわいてくるし、お腹が空いた、おむつが濡れている、と徐々に理解ができるようになる。蚊帳がないと眠れないという状況をヒステリックなまでに訴えるお岩の気持ちも、母親には共感できるだろう。

しかし男性は、よほど育児について家庭内外で情報収集をしない限り、自分の出番や役割を見つけづらいのが実情だ。産後の必要なことは「〝母子〟手帳」に集約されているし、産後の用事で公的機関から呼ばれるのは、決まって「お母さん」だ。そうして男女の親としての自覚にどんどん差が出てきてしまうのではないだろうか。

お岩は、夫に裏切られ、隣家の自分勝手な家族に騙され、その風貌が変わっていく。その美しさを失うのと比例して、母性をも失っていくように見える。母性の喪失は、今まであれほど敏感に応えていた赤子の泣く声が、耳に入らなくなることで決定的となるのだった。その後、幽霊と化し、憎き夫、かつて愛した夫に復讐をする。伊右衛門はお岩の亡霊に悩まされ、無惨にも人を殺していく。赤子はお岩の象徴である鼠に連れて行かれ、最後まで、伊右衛門は我が子を愛でることなく去っていく。

唯一、「蛇山庵室《へびやまあんじつ》の場」で、伊右衛門が赤子を抱くシーンがある。それは幽霊と化したお岩の復讐が最高潮を迎え、伊右衛門の抱えた赤子が一瞬で石の像に変わってしまうという、小道具のからくりに目を奪われる場面だ。しかし私にとっては、伊右衛門が赤子を抱き抱えたその瞬間だけ、伊右衛門に父性が芽生えたように見えるのだ。失って気付く、という言葉の重みを考えさせられるシーンである。

母性も父性も「本能的に持つ子どもを大切に思う気持ち」という同じ意味を持つはずで、母親と父親の役割に大きな違いはないと私は思う。お岩が伊右衛門を殺さずに追い続けたのは、彼自身の父性を目覚めさせるための手段だったのかもしれない。極限まで追い込まれた伊右衛門が、赤子を抱いてその柔らかなぬくもりを肌で感じた瞬間に、はじめて「俺の子だ」という喜びを実感したように私には見えた。この感覚を夫婦で共有できていたならば。もっと素直に気持ちを伝えられていたら——。『東海道四谷怪談』は、怪談物ではなく、何かを乗り越えた夫婦の、珠玉のラブストーリーとして後世に伝わっていたかもしれない。

## コラム「○○な女」⑦

# 「待ちくたびれない女」るん—『ぢいさんばあさん』

### リタイア夫婦の希望。歌舞伎史に残る純愛物語

「熟年離婚」という、リタイア後に待ち構えていた落とし穴にハマる夫婦と正反対のカップルが『ぢいさんばあさん』に登場する伊織《いおり》・るん夫婦だ。志村けんのコント風のタイトルに惑わされ、コメディーと思うなかれ。ラブラブの新婚夫婦が、夫・伊織の転勤により遠距離で暮らすことになるが、任期満了を前に、伊織が誤って同僚を死なせてしまう。この罪により、三十年以上も離ればなれになってしまい……という物語。

歌舞伎には珍しい純愛物語であるものの、夫がお預けの身になったり、子どもが疱瘡で亡くなったりと、妻・るんにとっては試練の連続である。そんな不幸と孤独を強いられたるんであるが、「女はいつも待ちくたびれて」と歌ったりしない。ただ伊織を想って、白髪になっても、腰が曲がっても、夫を待ち続けている。そして三十七年ぶりに再会する場面に泣かされる。老夫婦と対比させる若夫婦を登場させたり、庭の桜の成長で年月を思わせたりといった演出も心憎い。

「余生を送るのではない。生まれ変わって新しい暮らしを始めるのだ」というラストの台詞は、これからの高齢化社会に向け、日本中の夫婦に聞かせておきたい言葉だ。

## おわりに

歌舞伎のヒロインは、いつも泣いている。

しかも誰にも気付かれないよう、人知れず——。その哀しみが想像できる今、彼女たちにそっと声をかけたくなった。

「その涙の理由は理不尽なルールのせいであって、あなたたちのせいではないよ」と。

私は歌舞伎の研究者でもなく、女性の権利を提唱する活動家でもない。二十年間、歌舞伎を観て、興奮して、人に勧めてきた「性別：女」に過ぎない。

そんな私が、歌舞伎のヒロインたちを多方面から分析したのが本書である。各々のキャラクターについての悲喜交々は本文の通りだが……私にとって大きな、思いがけない発見が二点ほどあった。

一つは、歌舞伎の作者たちのことである。当初、歌舞伎のヒロインの肩を持ちその境遇や描かれ方を非難することは、敬愛する近松・南北・黙阿弥など名作者たちを否定す

一

ることになるのではないか、彼らは〝穿った女性像〟を描いていて、それを糾弾することになるのではないか、という懸念があった。しかしそれは杞憂に終わる。歌舞伎の中の女性を掘り下げれば掘り下げるほど、作者たちが女性の心情を理解しようと、慮っていることに気づかされたからだ。作者はあくまで世相を反映した女性の生き方を提示しただけで、むしろ議論の出発点となるよう、わざとヒロインに重い荷物を背負わせたのではないだろうか、とさえ思う。

清涼剤、政治の道具、因果の代償、自己犠牲の塊……世の女性たちの不興を買うような役割を担わせたのも、もしかすると確信犯なのかもしれない。それが同時代（江戸時代）の女性たちを煽るように書いたのか、何十年、何百年後の女性、つまり現代の女性たちに向けた起爆装置だったのか。作者たちの思惑を知るすべはないが、本書の試みはまさにその装置のスイッチを押すことであった。

次なる発見は、女方についてだ。歌舞伎はなぜ女方が必要不可欠なのか。女性ではなく女方でなければ、歌舞伎の中の女性は演じられないと思うのはなぜなのかを、私は常々考えていた。もちろん筋立てて教えてくれる研究書は山ほどあるし、長年続くルールの改革にはエネルギーが要る、という理由もわからなくもない。が、どこか腑に落ちなかった。それが、歌舞伎のヒロインを分析しているうちに、自分なりの答えが出たのだ。詳しくは第七章を参照してほしい。

歌舞伎はエンターテインメントである。観客に世直しや、男女不平等改正のために一念発起させるためのツールではない。しかしいつの世も、芝居というのは、「時代を映す鏡」ではある。古典歌舞伎は、その鏡に映っていたものを、なるべくそのままの形で継承していくのが良しとされている特殊な芝居だ。だからこそ、ギャップがあるのは当たり前。立場によって、楽しめる人もいれば、関係ないと思う人もいる。経験値や自分が人生のどのステージにいるかによっても、感じ方は違うだろう。

私自身、以前はヒロインたちの置かれた状況は特殊なものだと思っていたし、他人事のような感覚だった。しかし執筆を進めるにつれ、彼女たちの悩みは、宇宙や遠い外国の話ではないと思い知らされることになる。パワハラ、セクハラ、ジェンダー差別、ルッキズム、子育ての苦悩……現代の悩みと通じることばかりだった。四百年前と比べて社会通念や生活様式は大きく変わったのだから、それに伴って男女の格差の是正、越えられない壁を削る作業は、もう少し進んでいてもいいはずなのにと、何度思ったかしれない。

そういえば、本書の目的は、普段は堪えている歌舞伎のヒロインたちを全方位から分解し、私なりに暴くことであった。しかし今では、泣いている、かわいそうなヒロインたちをなぐさめてあげるはずが、私たちのほうが「よっぽどかわいそう……」と彼女たちに言われかねないと思っている。

では、そんなヒロインたちの生き様を見てきた私たちが、今できることはなんだろう。それは、「四百年後はこんな未来が待っているから、もう泣かないで」と、彼女たちに言える社会を作ることだろう。歌舞伎のヒロインたちが抱えている悩みにピンとこない女性を増やすこと、これは過去の話、かつての女性たちが通ってきた道なんだよ、と伝えられる世の中にしておかなければいけない。

残念ではあるが、今の段階では、本書のヒロインに共感できる女性の方が多いに違いない。「このヒロインは私かもしれない」。もしそう思ったならば……彼女たちの応援団になって、まずは歌舞伎を観に来てほしい。ただ「わかるわ、この気持ち」と相槌を打つだけでは終わらない、深淵をのぞくことになるはずだ。悩みの解決になるかはわからないが、人生が豊かになることを保証したい。

歌舞伎の「芸の伝承」は、幼い頃から稽古を重ねてきた歌舞伎役者が担ってくれるし、「日本人がかつて憧れていた女性」は、女方というプロフェッショナルたちが、血の滲むような努力をして、舞台の上に存在させ続けてくれている。だから今を生きる私たちはもう、過去の女性像を引きずらなくてもいいのだ。美しくも哀しいヒロインを、女方役者が引き受けてくれるのだから、生身の女性である私たちは、存分に変わっていい。むしろ変わっていくことが自然であり、「女性とはこうあるべき」というルールや規範に疑問を持ち、破っていくことが必要だ。

私が何か言おうと言うまいと、歌舞伎は歌舞伎であり続ける。それは嬉しくもあり、寂しくもあった。しかしこの本のおかげで少しだけ、歌舞伎を偏愛してきた私の存在意義――「現代女性と歌舞伎を引き合わせる架け橋」という役割を見つけられた気がする。まだまだ人生経験の乏しい私が、何百年も前に生まれた(創造された)女性の生き様や内面を語り尽くせる訳がない。が、こうして自分に引き寄せて、歌舞伎について考えることこそが、私がモットーとしている「歌舞伎を他人事にしない」ことにつながるのだと信じている。

本書が、「歌舞伎を自分事にする」きっかけになったら、こんなに嬉しいことはない。最後に、ここまで伴走してくださった編集の土屋晴香さんにこの場を借りて御礼申し上げます。製作中にいただいた「仕事なのにプライベートで愉しんでいる感覚に近いです」という言葉は忘れません。ありがとうございました。

**関 亜弓**（せき・あゆみ）

ライター・演者。2007年、学習院女子大学卒業。5歳よりクラシックバレエを始め、映像・舞台の芝居へと幅を広げる。大学在学中、学習院国劇部での実演をきっかけに歌舞伎に傾倒し、執筆活動を開始。子ども向けの活動「かぶこっこ」を主宰するほか、執筆やイベントを通して歌舞伎の魅力を伝えている。著書に『知識ゼロからの歌舞伎入門』がある。

www.sekiayumi.com

**ヒロインはいつも泣いている**
**「女だから」悩む歌舞伎の女性たち**

---

2023年9月7日　初版発行

著　者　関 亜弓
発行者　伊住公一朗
発行所　株式会社 淡交社
本社　〒603-8588 京都市北区堀川通鞍馬口上ル
営業　075-432-5156　編集　075-432-5161
支社　〒162-0061 東京都新宿区市谷柳町39-1
営業　03-5269-7941　編集　03-5269-1691
www.tankosha.co.jp
DTP・図作成　株式会社明昌堂
印刷・製本　中央精版印刷株式会社


ISBN978-4-473-04561-4